십 대가 꼭 알아야 할
탄소 중립
교과서

ZUKAI DE WAKARU 14SAIKARA NO DATSUTANSO SHAKAI by Infovisual Laboratory

Copyright ⓒ Infovisual Laboratory, 2021
All rights reserved.

Original Japanese edition published by OHTA PUBLISHING COMPANY
Korean translation copyright ⓒ 2022 by The Forest Book Publishing Co.
This Korean edition published by arrangement with OHTA PUBLISHING COMPANY, Tokyo, through HonnoKizuna,
Inc., Tokyo, and BC Agency.

십 대가 꼭 알아야 할

탄소 중립 교과서

인포비주얼연구소 지음 | 김소영 옮김 | 이상준 감수

한눈에 펼쳐지는 기후 위기와
미래 에너지 전환의 모든 것

더숲

차 례

십 대가 꼭 알아야 할
탄소 중립 교과서

인류는 탄소를 태워서
진화해 왔다

   세상은 지금 '탄소 중립 사회'로 나아가기 위해 큰 변화를 꾀하고 있다. 탄소 중립은 인간이 이산화탄소(CO_2)를 배출한 만큼 이산화탄소를 흡수하는 대책을 세워 이산화탄소의 실질적 배출량을 제로(0)로 만든다는 개념이다.

   우리는 현재 석탄이나 석유를 태워서 생기는 에너지를 쓰며 생활하고 있다 이들을 태울 때는 엄청난 양의 이산화탄소가 나오는데 이것이 지구의 기온을 높이고 기후 변화를 초래한다. 이글

인류의 조상은 먹을 것을 불로 조리하면서
뇌가 성장했다

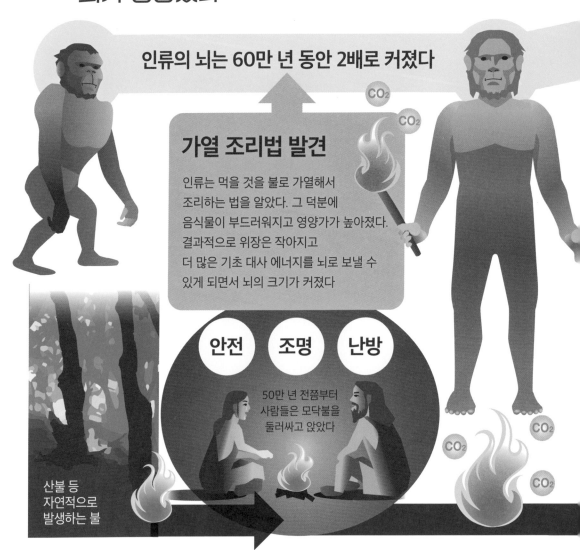

인류의 뇌는 60만 년 동안 2배로 커졌다

CO_2
CO_2

가열 조리법 발견

인류는 먹을 것을 불로 가열해서
조리하는 법을 알았다. 그 덕분에
음식물이 부드러워지고 영양가가 높아졌다.
결과적으로 위장은 작아지고
더 많은 기초 대사 에너지를 뇌로 보낼 수
있게 되면서 뇌의 크기가 커졌다

안전　조명　난방

50만 년 전쯤부터
사람들은 모닥불을
둘러싸고 앉았다

CO_2
CO_2

산불 등
자연적으로
발생하는 불

막기 위해 세계가 협력해서 내린 결단이 바로 탄소 중립이다.

인류는 특이하게도 사물을 태워서 얻은 에너지로 진화를 이루어 왔다. 에너지란 무언가를 할 때 필요한 힘을 내게 해 주는 원천이다. 생물은 각자 몸속에 에너지를 갖고 있다. 인류도 오랫동안 자신의 에너지, 그러니까 인간의 힘만을 사용해 살았다.

그러나 불을 사용할 줄 알게 되면서 인류만이 열과 빛 에너지를 얻었다. 음식물을 가열해서 요리하는 법을 배웠고, 이를 통해 영양을 효율적으로 섭취하게 되자 뇌가 크게 발달했다. 마침내 인류는 불을 사용해서 토기를 만들고 문명을 발전시켰으며 높은 열로 청동이나 철을 가공하는 기술까지 이루어 냈다.

인간의 힘에 의존한 에너지에서 불을 사용한 에너지로. 이것이 인류의 첫 에너지 전환이었다.

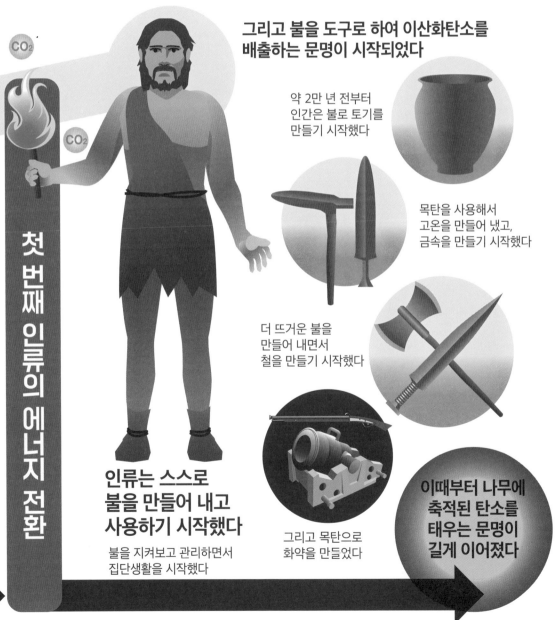

첫 번째 인류의 에너지 전환

그리고 불을 도구로 하여 이산화탄소를 배출하는 문명이 시작되었다

약 2만 년 전부터 인간은 불로 토기를 만들기 시작했다

목탄을 사용해서 고온을 만들어 냈고, 금속을 만들기 시작했다

더 뜨거운 불을 만들어 내면서 철을 만들기 시작했다

인류는 스스로 불을 만들어 내고 사용하기 시작했다

불을 지켜보고 관리하면서 집단생활을 시작했다

그리고 목탄으로 화약을 만들었다

이때부터 나무에 축적된 탄소를 태우는 문명이 길게 이어졌다

고대 문명 시대부터 17세기까지 인류는 나무를 베고 태워서 열이나 빛 에너지로 이용해 왔다. 그와 동시에 인력 이외에 동력(사물을 움직이는 힘)을 얻게 되었다. 처음에는 소나 말 등의 축력을 썼지만, 머지않아 풍력이나 수력도 사용할 줄 알게 되었다.

이 같은 자연 에너지 시대가 오래 지속된 후에 18세기 영국에서 두 번째 에너지 전환이 일어났다. 증기의 열에너지를 동력으로 바꾸는 증기 기관이 나타났는데, 연료로 석탄을 사용하게 된 것이다. 그 당시 유럽에서는 삼림을 많이 베어 내어 나무가 부족했다. 영국은 그렇게 석탄을 풍족하게 얻은 덕분에 산업 혁명의 중심지로 발전했다.

세 번째 에너지 전환은 19세기 후반에 일어났다. 오늘날까지도 계속 쓰고 있는 전기 에너지가 생겨난 것이다. 전기는 동력, 조명, 통신 등 폭넓은 용도로 쓰이게 되었고, 전기를 만들기 위해서는 발전소가 반드시 필요했다.

인류는 시종일관 탄소를 태워 이산화탄소를 배출해 왔다

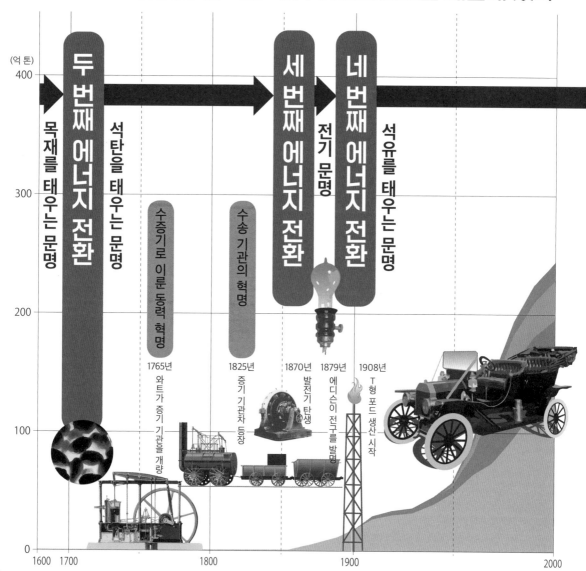

그리고 20세기에 들어 석유가 주요 에너지원이 되면서 인류는 네 번째 에너지 전환을 맞이했다. 값이 싸며 대량으로 얻을 수 있는 석유를 태워 다양한 산업이 발전했고, 에너지 소비는 점점 늘어났다.

그 결과를 바로 아래 그래프에 나타냈다. 인류가 석탄, 석유 등의 화석 연료를 대량으로 태우게 된 후로 대기 중의 이산화탄소가 급속하게 늘어났다는 사실을 알 수 있다. 이산화탄소가 늘어나면 지구 온난화를 일으킨다는 지적이 19세기 말에 처음으로 나왔는데, 인류는 아랑곳하지 않고 이산화탄소를 계속 배출했다.

그리고 세계는 이제야 사태의 심각성을 깨닫고 다섯 번째 에너지 전환을 이루려고 하고 있다. 이산화탄소를 배출하며 언젠가 다 파 내어 고갈될 화석 에너지를 지속가능한 재생 에너지로 바꾸는 것이다. 탄소 중립 사회는 이제 어쩔 수 없는 선택이다.

그러나 이제 한계가 오고 말았다

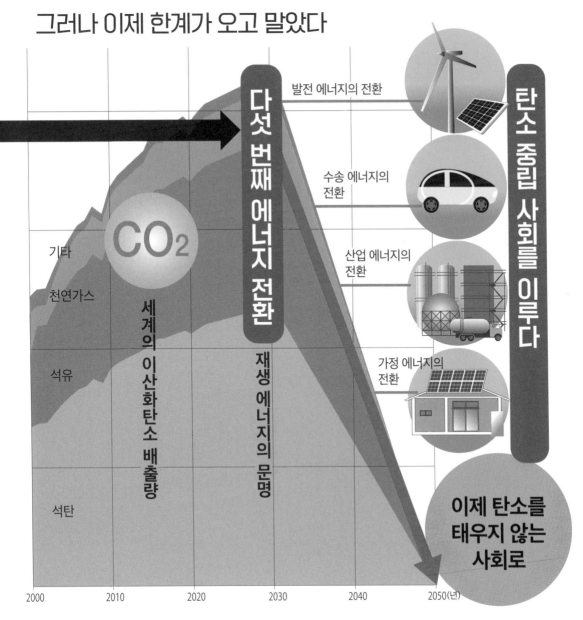

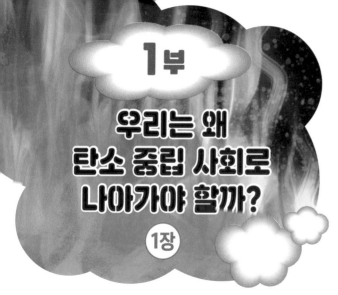

1부

우리는 왜 탄소 중립 사회로 나아가야 할까?

1장

인류의 산업 발전을 이룩해 온 화석 에너지

석탄과 석유 없이는 못 살아

인류는 18세기 후반에 산업 혁명이 시작된 후로 줄곧 화석 에너지를 이용해 왔다. 화석

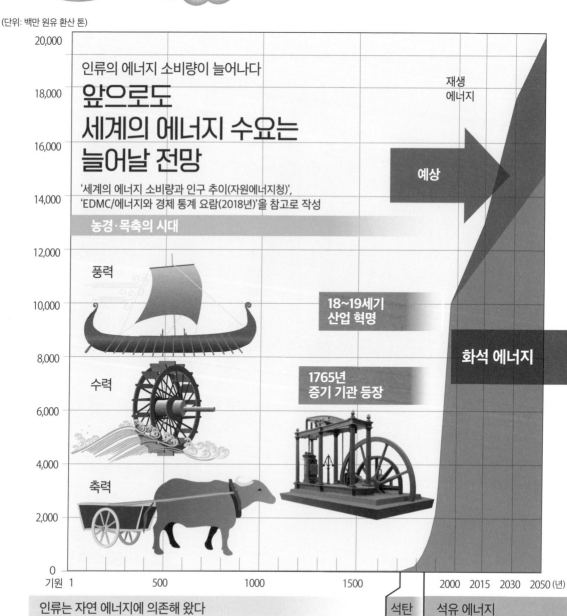

(단위: 백만 원유 환산 톤)

인류의 에너지 소비량이 늘어나다

앞으로도 세계의 에너지 수요는 늘어날 전망

'세계의 에너지 소비량과 인구 추이(자원에너지청)',
'EDMC/에너지와 경제 통계 요람(2018년)'을 참고로 작성

농경·목축의 시대

풍력

수력

축력

18~19세기 산업 혁명

1765년 증기 기관 등장

재생 에너지

예상

화석 에너지

기원 1　　500　　1000　　1500　　2000　2015　2030　2050 (년)

인류는 자연 에너지에 의존해 왔다

석탄　석유 에너지

에너지란 석탄, 석유, 천연가스 등 화석 연료를 태워서 내는 에너지다.

화석 연료는 머나먼 옛날에 살았던 동식물들의 잔해가 화석으로 변해서 생긴 자원이다. 인류가 예로부터 이용해 온 자연 에너지와 비교했을 때, 화석 연료는 운반과 저장이 쉽고 많은 양의 에너지를 만들어 낼 수 있다는 장점이 있다. 덕분에 공장에서 대량 생산을 하여 대규모 발전을 이루게 되었고, 산업의 근대화는 점점 빨라졌다.

산업이 발전하면서 더 많은 에너지가 필요하게 되었고, 자연스레 화석 연료의 소비량도 늘어났다. 아래와 같이 2019년에 세계에서 소비된 에너지 가운데 석유 33.1%, 석탄 27%, 천연가스 24.2%까지 합쳐 총 84.3%를 화석 연료가 차지하며 중공업, 화학 공업, 자동차 산업 등 많은 산업에 이용되고 있다. 이렇게 우리 생활에 빠져서는 안 될 화석 에너지가 현재 지구촌에 문제를 일으키고 있다.

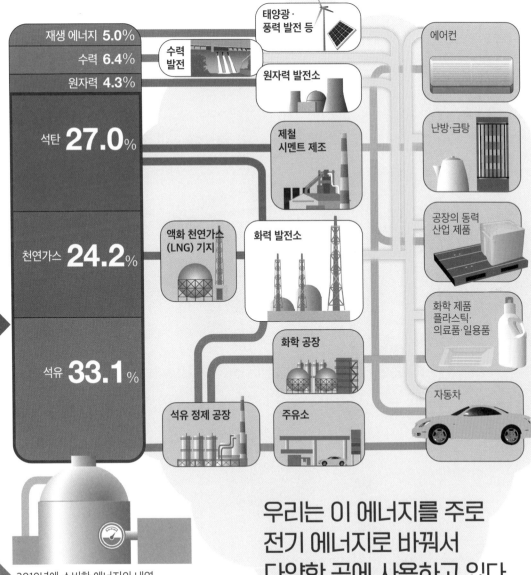

2019년에 소비한 에너지의 내역.
참고: BP 세계 에너지 통계 검토 2020

우리는 이 에너지를 주로
전기 에너지로 바꿔서
다양한 곳에 사용하고 있다

화석 연료를 태우는 산업이
지구의 탄소 순환을 흐트러뜨리다

탄소가 순환하면서 만들어지는 이산화탄소

인류는 자원을 태워 에너지를 얻어 왔다. 자원을 태우려면 산소(O_2)가 필요하고, 점화하려면 열이 필요하다. 인류는 불을 발견한 후로 나무, 식물 기름, 석탄, 석유 등을 태워 왔다. 여기에는 전부 다 탄소가 들어 있기 때문에 불에 타면 탄소 원자 1개와 산소 원자 2개가 한 쌍이 되어 이산화탄소를 방출한다. 탄소는 다양한 원자에 달라붙는 특성이 있어서 당이나 전분, 단백질 등 생명을 유지하는 데 필요한 탄소 화합물을 만들어 낸다. 이러한 탄소 화합물은 대기 중에 떠다니는 이산

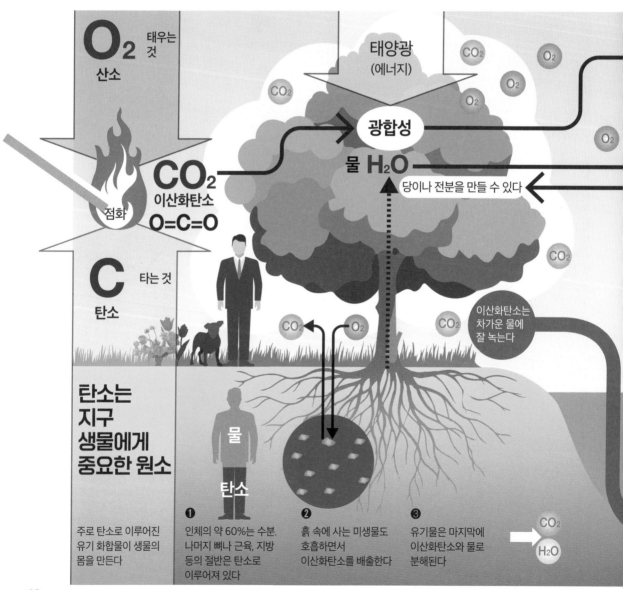

O_2 산소 — 태우는 것

점화

CO_2 이산화탄소
O=C=O

C 탄소 — 타는 것

태양광 (에너지)

광합성

물 H_2O

당이나 전분을 만들 수 있다

이산화탄소는 차가운 물에 잘 녹는다

탄소는 지구 생물에게 중요한 원소

물 / 탄소

주로 탄소로 이루어진 유기 화합물이 생물의 몸을 만든다

❶ 인체의 약 60%는 수분. 나머지 뼈나 근육, 지방 등의 절반은 탄소로 이루어져 있다

❷ 흙 속에 사는 미생물도 호흡하면서 이산화탄소를 배출한다

❸ 유기물은 마지막에 이산화탄소와 물로 분해된다

CO_2
H_2O

화탄소에서 출발한다.

먼저 식물은 대기 중에서 흡수한 이산화탄소를 광합성의 재료로 써서 전분과 같은 양분으로 바꾸는데, 그 과정에서 산소를 뿜어낸다. 탄소로 이루어진 양분을 식물에서 섭취한 동물은 그 산소를 마시고 호흡을 통해 이산화탄소를 배출한다. 동물과 식물이 수명을 다하면 미생물이 분해하고, 마지막에는 이산화탄소가 되어 대기로 돌아간다. 대기 중의 이산화탄소는 바닷속으로 흡수되어 바다 생물이 생명을 유지하도록 도와준다. 차가운 물과 함께 심해에 잠든 이산화탄소는 몇천 년 동안 해저에 갇혀 있다가 천천히 해면으로 올라와 대기 중으로 돌아간다. 지구에서는 이런 식으로 탄소가 순환하는데, 대기 중에서 흡수하는 이산화탄소와 방출되는 이산화탄소의 양은 거의 맞먹는다. 그런데 인간이 화석 연료를 태우게 된 후로는 이산화탄소가 급격히 늘어나면서 균형이 깨지고 말았다. 대기 중에 있는 이산화탄소의 농도는 산업 혁명 전까지 278ppm이었는데, 2019년에는 약 410ppm으로 1.5배 가까이 증가했다.

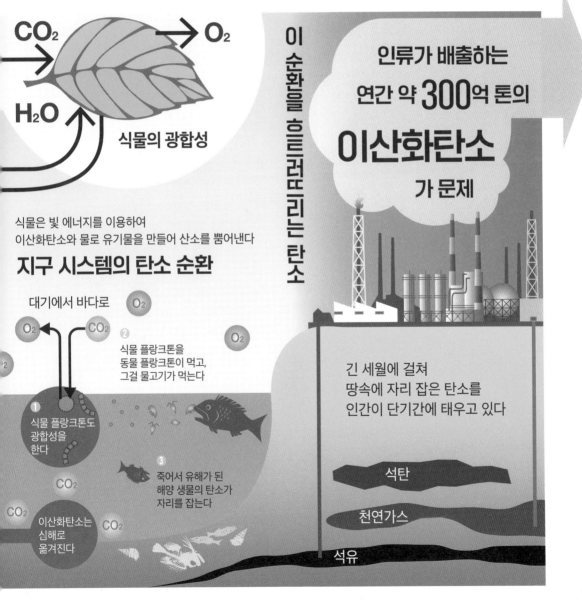

CO_2 → O_2

H_2O

식물의 광합성

식물은 빛 에너지를 이용하여 이산화탄소와 물로 유기물을 만들어 산소를 뿜어낸다

지구 시스템의 탄소 순환

대기에서 바다로

O_2

O_2 CO_2

O_2

❷ 식물 플랑크톤을 동물 플랑크톤이 먹고, 그걸 물고기가 먹는다

❶ 식물 플랑크톤도 광합성을 한다

❸ 죽어서 유해가 된 해양 생물의 탄소가 자리를 잡는다

CO_2

CO_2 이산화탄소는 심해로 옮겨진다

이 순환을 흐트러뜨리는 탄소

인류가 배출하는 연간 약 300억 톤의 이산화탄소가 문제

긴 세월에 걸쳐 땅속에 자리 잡은 탄소를 인간이 단기간에 태우고 있다

석탄

천연가스

석유

13

이산화탄소의 증가로 생긴 온실가스는 어떻게 지구 온난화를 일으킬까?

100년 만에 기온이 0.74도 상승

대기 중에 이산화탄소의 양이 많아지면 지구 온난화가 일어난다.

지구는 46억 년 전에 탄생한 이후, 주기적으로 온난화와 한랭화를 반복해 왔다. 과거에는 5,000년에 걸쳐서 4~7도, 100년 동안 0.08~0.14도로 아주 서서히 기온의 변화가 일어났다. 그런데 1906~2005년 사이 100년 동안 0.74도나 올랐으니 자연적으로 일어난 현상이라고 보기에는 변화가 너무 심하다. 따라서 인간의 활동 때문에 일어났다는 가능성이 매우 높다고 보는 것이다.

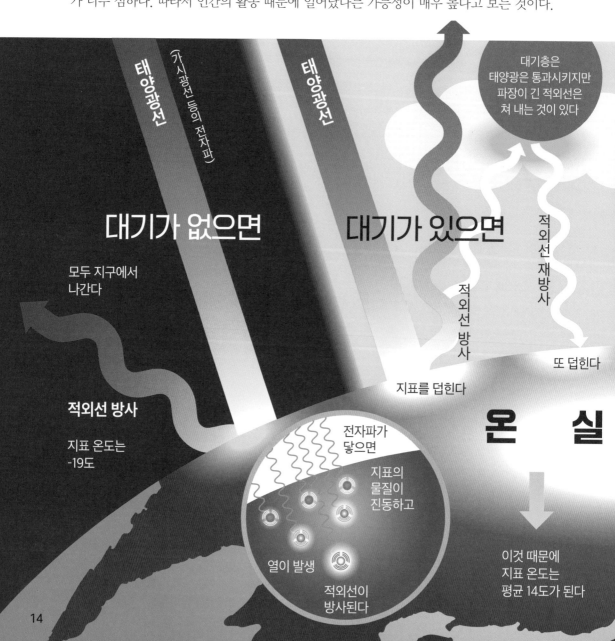

태양광선 (가시광선 등의 전자파)

태양광선

대기층은 태양광은 통과시키지만 파장이 긴 적외선은 쳐 내는 것이 있다

적외선 재방사

대기가 없으면

모두 지구에서 나간다

대기가 있으면

적외선 방사

적외선 방사

지표를 덥힌다

또 덥힌다

지표 온도는 -19도

전자파가 닿으면

지표의 물질이 진동하고

온 실

열이 발생

적외선이 방사된다

이것 때문에 지표 온도는 평균 14도가 된다

온실가스가 지구를 덥힌다

지구를 따뜻하게 만들어 주는 것은 바로 태양이다. 태양이 내뿜는 빛이 지구의 표면을 덥혀서 따뜻해지면 적외선이 뿜어져 나온다. 이 과정만 있으면 열이 반사되어 우주로 다시 나가기 때문에 지구의 표면 온도는 −19도 정도로 떨어진다. 그러나 실제로 지표의 온도는 평균 14노이다.

이 온도 차를 만들어 내는 것이 바로 지구의 대기 중에 들어 있는 이산화탄소, 메탄, 수소화불화탄소, 수증기 등의 '온실가스'다. 대기를 주로 이루는 질소와 산소는 태양광이나 적외선의 경우에는 지나가도록 내버려 두지만, 온실가스는 파장이 긴 적외선을 빨아들인 다음에 다시 지구의 표면으로 뿜어낸다. 그래서 지구는 마치 온실처럼 적당히 따뜻해져 생물이 살기 쉬운 환경을 유지한다. 그런데 인간의 산업 활동을 통해 이산화탄소 등의 온실가스가 대량으로 배출되면서 자연스레 농도가 진해져 기온이 상승하고 있는 것이다.

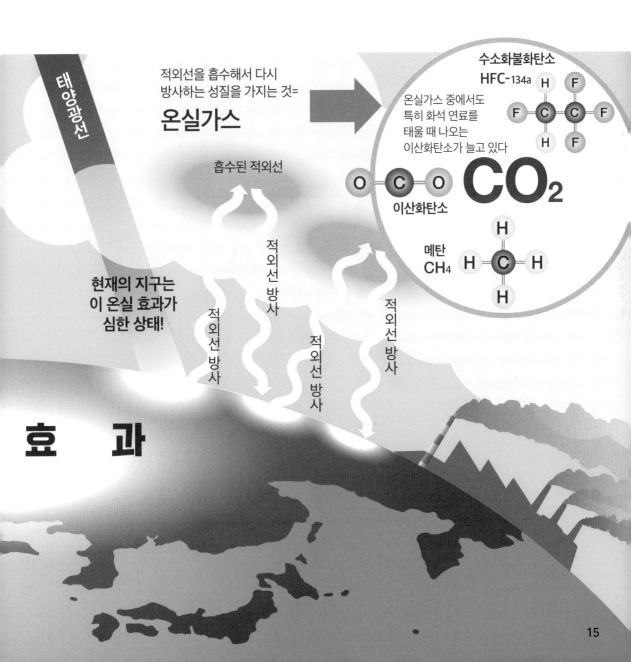

태양광선

적외선을 흡수해서 다시
방사하는 성질을 가지는 것=
온실가스

흡수된 적외선

적외선 방사

적외선 방사

적외선 방사

현재의 지구는
이 온실 효과가
심한 상태!

효 과

수소화불화탄소
HFC-134a

온실가스 중에서도
특히 화석 연료를
태울 때 나오는
이산화탄소가 늘고 있다

O C O CO_2
이산화탄소

메탄
CH_4

기온 상승은 기후 변화를 일으키는 방아쇠 역할을 한다

온난화 도미노

지구의 기온이 상승하면 어떤 일이 일어날까? 간략하게 아래 그림에 나타냈다. 기온 상승은 마치 도미노가 쓰러지듯이 다양한 현상을 잇달아 일으킨다.

북극권이나 남극의 빙상, 고지대에 있는 빙하 등 지상에 존재하는 얼음이 녹기 시작하고 있다는 사례를 보면 가장 이해하기 쉬울 것이다. 녹아내린 얼음은 바다로 흘러들어 가기 때문에 해수면이 높아진다. 예를 들어 북극권에 있는 그린란드의 빙상이 전부 다 녹으면 해수면은 약 7m나

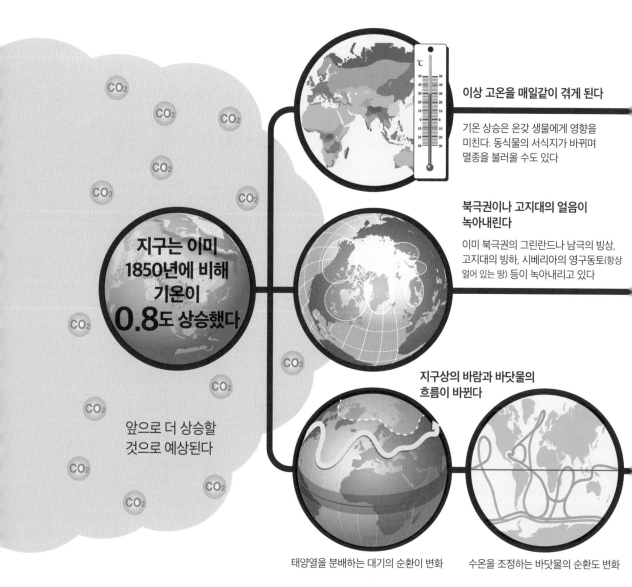

이상 고온을 매일같이 겪게 된다

기온 상승은 온갖 생물에게 영향을 미친다. 동식물의 서식지가 바뀌며 멸종을 불러올 수도 있다

북극권이나 고지대의 얼음이 녹아내린다

이미 북극권의 그린란드나 남극의 빙상, 고지대의 빙하, 시베리아의 영구동토(항상 얼어 있는 땅) 등이 녹아내리고 있다

지구는 이미 1850년에 비해 기온이 **0.8도** 상승했다

앞으로 더 상승할 것으로 예상된다

지구상의 바람과 바닷물의 흐름이 바뀐다

태양열을 분배하는 대기의 순환이 변화   수온을 조정하는 바닷물의 순환도 변화

올라간다는 계산이 나온다. 해수면이 상승하면 작은 섬이나 고지대는 물이 차오르거나 잠기게 되고, 이 때문에 집을 잃은 사람들은 '기후 난민'이 되어 길거리에 나앉게 될 것이다.

더 가까운 예를 들자면, 일본에서는 근래 들어 거대 태풍이나 폭우로 인한 피해가 늘고 있다. 이는 온난화로 바닷물의 온도가 높아지면서 대기 중에 떠도는 수증기가 늘어났기 때문이다. 온난화는 세계 각지에 영향을 미쳐서 매년 가뭄, 열파(극심한 이상 고온이 수일 또는 수주간 계속되는 현상), 삼림 화재, 홍수 등을 일으킨다. 이러한 기후 재해는 1998년부터 2017년까지 20년 동안 약 200조 엔 이상에 이르는 경제 손실을 입혀 세계 경제를 위협하고 있다.

게다가 기후 변화는 지구상의 온갖 생물에 영향을 미쳐서 생태계를 파괴한다. 동식물의 서식지는 이미 위도가 더 높은 곳으로 이동하고 있고, 기후 변화에 적응하지 못한 종은 멸종 위기에 처해 있다. 현재는 이러한 변화가 서서히 일어나고 있는데, 지구의 시스템이 임계점을 넘으면 돌이킬 수 없는 급격한 변화가 일어날 것이라고 전문가들은 경고하고 있다.

가뭄의 확대
아프리카나 미국 중서부 등의 건조 지대는 점점 말라간다

물 부족
하천은 마르고 지하수는 고갈되어 물 부족 위기가 찾아온다

식량 부족
식량의 생산량이 줄어들어 굶어 죽는 사람이 늘어난다

분쟁 발생
물이나 음료를 둘러싸고 나라나 지역 사이에 다툼이 일어난다

해수면 상승
녹아내린 얼음이 바다로 흘러들어가 해수면의 수위가 높아진다

육지 소멸
작은 섬이나 해안 지역은 물이 차오르거나 잠길 위기에 빠진다

기후 난민 발생
기후 변화로 삶의 터전을 잃은 사람들은 난민이 된다

빈민가의 증가
기후 난민이 들어오면서 도시에는 빈민가가 늘어난다

이상 기후의 정착
대기와 물의 순환이 흐트러지고 이상 기후가 빈번히 발생한다

거세지는 태풍과 허리케인
거대한 태풍이나 허리케인, 폭우, 홍수가 각지에서 발생한다

물난리의 잦은 발생
자연재해로 생기는 피해가 잦아지고 기후 난민도 생긴다

세계 경제의 쇠퇴
기후 변화에 대한 대책 비용과 자연재해에 따른 손실이 불어난다

앞으로 기온은 얼마나 더 상승할까? 그것은 인간의 노력에 달렸다

미래의 기후 예측에 대한 4가지 시나리오

IPCC(기후 변화에 관한 정부 간 협의체)라 불리는 국제기구는 기후 변화를 과학적으로 분석하여 지구 온난화가 인간 활동으로 일어났을 가능성이 높다는 사실을 제시했다. IPCC는 과학자들의 주장과 연구를 바탕으로 기후 변화에 따른 영향이나 미래 예측을 정리해서 정기적으로 평가 보고서를 발표한다. 그리고 그 공적을 인정받아 2007년에는 노벨 평화상을 받았다.

2013년에 발표한 IPCC 제5차 평가 보고서에서는 인간이 배출하는 이산화탄소 등의 온실가스가

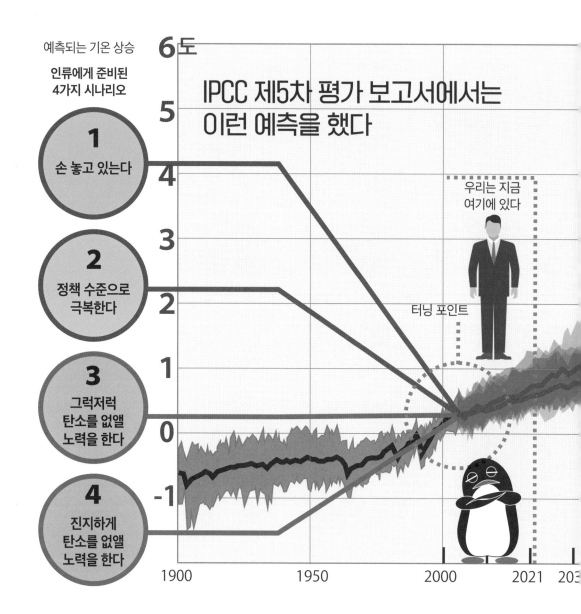

예측되는 기온 상승

인류에게 준비된
4가지 시나리오

1 손 놓고 있는다

2 정책 수준으로 극복한다

3 그럭저럭 탄소를 없앨 노력을 한다

4 진지하게 탄소를 없앨 노력을 한다

IPCC 제5차 평가 보고서에서는 이런 예측을 했다

우리는 지금 여기에 있다

터닝 포인트

대기 중에 얼마나 있느냐에 따라 기온이 어떻게 변화하는지를 4가지 시나리오로 예측했다. 그 내용을 아래 그래프에 간략히 나타냈다.

손 놓고 있으면 5도 가까이 상승

첫 번째 시나리오는 온실가스가 지금처럼 계속 배출될 경우를 예상한 것인데, 이번 세기말까지 2.6~4.8도 상승한다며 꽤나 높은 숫자를 예측했다. 한편 온실가스의 배출량을 가장 적게 예측한 네 번째 시나리오에서는 0.3~1.7도 상승에 그친다고 했다. 즉 지구의 미래 기후는 인산의 노력에 달렸다는 뜻이다. 이 그래프에서는 1986~2005년의 평균 기온을 0으로 놨는데, 산업 혁명이 일어난 18세기 말 후반부터 기준 해까지 이미 기온이 약 0.6도 올랐다. 그 사실을 명심하고 앞으로 기온이 최대한 올라가지 않도록 막으려면 전 세계적으로 이산화탄소 배출을 줄이려는 노력을 해야 한다. 다음 페이지에서는 기후 변화 대응을 위해 세계가 힘을 합치기까지 어떤 길을 걸어왔는지, 그 발자취를 따라가려고 한다.

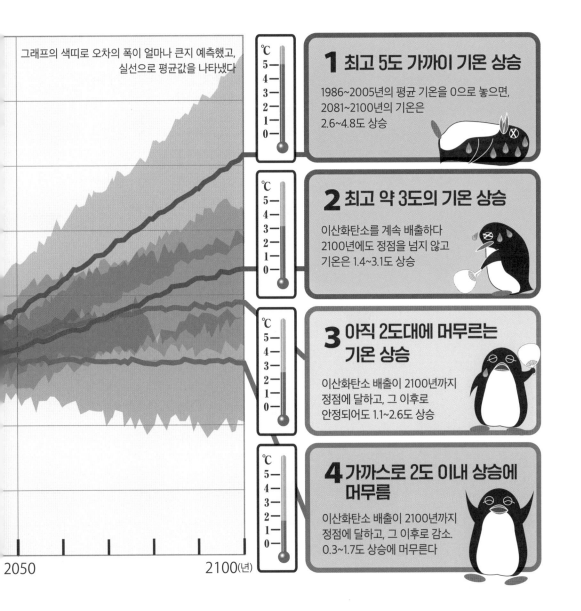

그래프의 색띠로 오차의 폭이 얼마나 큰지 예측했고, 실선으로 평균값을 나타냈다

1 최고 5도 가까이 기온 상승

1986~2005년의 평균 기온을 0으로 놓으면, 2081~2100년의 기온은 2.6~4.8도 상승

2 최고 약 3도의 기온 상승

이산화탄소를 계속 배출하다 2100년에도 정점을 넘지 않고 기온은 1.4~3.1도 상승

3 아직 2도대에 머무르는 기온 상승

이산화탄소 배출이 2100년까지 정점에 달하고, 그 이후로 안정되어도 1.1~2.6도 상승

4 가까스로 2도 이내 상승에 머무름

이산화탄소 배출이 2100년까지 정점에 달하고, 그 이후로 감소. 0.3~1.7도 상승에 머무른다

2050   2100(년)

지구 온난화에 대한 경종을 울린 후 파리 협정이 채택되다

유엔이 이산화탄소 줄이기에 앞장서다

19세기 말에 세계 최초로 이산화탄소와 지구 온난화의 관계를 지적한 사람은 스웨덴의 화학자 스반테 아레니우스였다. 그는 화석 연료를 많이 소비하면 대기 중의 이산화탄소가 늘어난다며 경종을 울렸다. 그러나 그의 이야기는 오랜 기간 동안 주목을 받지 못했고, 1980년대에 접어들어서야 지구 온난화가 유엔의 의제로 오르게 되었다. 1988년에 IPCC가 설립되었는데, 이곳의 평가 보고서를 받고 1992년에 온실가스를 줄이기 위한 '유엔 기후 변화 협약(UNFCCC)'이 채택되었다.

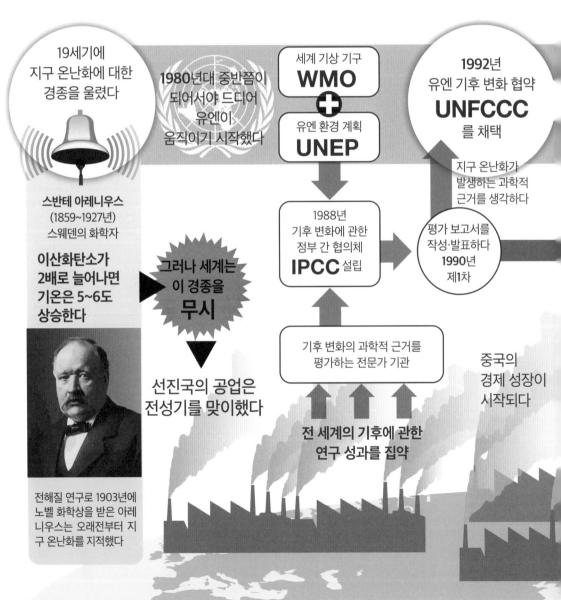

19세기에 지구 온난화에 대한 경종을 울렸다

1980년대 중반쯤이 되어서야 드디어 유엔이 움직이기 시작했다

세계 기상 기구 **WMO** + 유엔 환경 계획 **UNEP**

1992년 유엔 기후 변화 협약 **UNFCCC** 를 채택

지구 온난화가 발생하는 과학적 근거를 생각하다

스반테 아레니우스 (1859~1927년) 스웨덴의 화학자

이산화탄소가 2배로 늘어나면 기온은 5~6도 상승한다

그러나 세계는 이 경종을 **무시**

1988년 기후 변화에 관한 정부 간 협의체 **IPCC** 설립

평가 보고서를 작성·발표하다 1990년 제1차

선진국의 공업은 전성기를 맞이했다

기후 변화의 과학적 근거를 평가하는 전문가 기관

중국의 경제 성장이 시작되다

전해질 연구로 1903년에 노벨 화학상을 받은 아레니우스는 오래전부터 지구 온난화를 지적했다

전 세계의 기후에 관한 연구 성과를 집약

1997년에는 교토에서 회의가 열려 '교토 의정서'를 맺게 되었다. 이는 2020년까지 온실가스를 줄이자는 목표를 가지고 맺어진 협약이었는데, 선진국만을 대상으로 하고 배출량이 많은 중국이나 인도가 포함되지 않았기 때문에 이에 불복한 미국은 불참했으며 캐나다는 탈퇴하고 말았다.

전 세계가 참가한 파리 협정

이를 계기로 온실가스를 줄이는 것은 물론이고 기후 변화의 영향을 받고 있는 개발 도상국 지원에도 눈을 돌리게 되었으며 배출량과 상관없이 모든 나라가 참가해야 한다는 목소리가 커졌다. 2015년 프랑스 파리에서 열린 회의에서 '파리 협정'이 채택되었고, 이듬해부터 효력을 발휘하기 시작했다. 산업 혁명 전과 비교해서 2도 미만, 가능하면 1.5도로 기온 상승을 줄이자는 목표를 전세계가 공통으로 내걸게 된 것이다. 그 후 미국의 트럼프 정권이 이탈하면서 잠시 주춤하기도 했지만, 2021년에 탄생한 바이든 정권이 복귀했다.

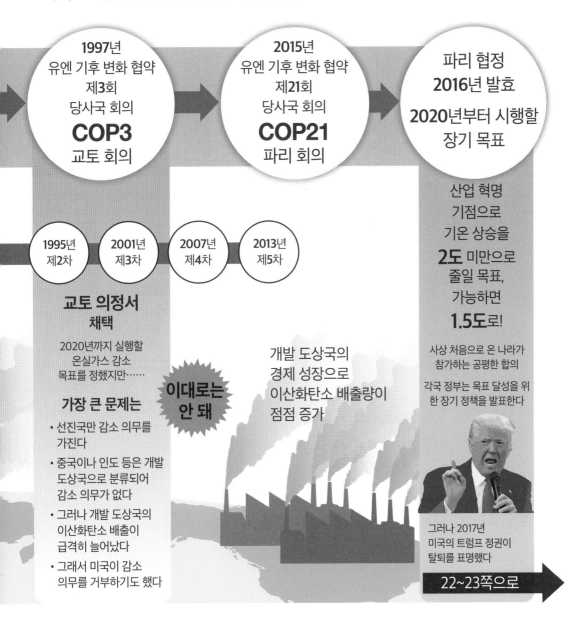

1997년
유엔 기후 변화 협약
제3회
당사국 회의
COP3
교토 회의

2015년
유엔 기후 변화 협약
제21회
당사국 회의
COP21
파리 회의

파리 협정
2016년 발효
2020년부터 시행할
장기 목표

산업 혁명
기점으로
기온 상승을
2도 미만으로
줄일 목표,
가능하면
1.5도로!

1995년
제2차

2001년
제3차

2007년
제4차

2013년
제5차

교토 의정서
채택

2020년까지 실행할
온실가스 감소
목표를 정했지만……

가장 큰 문제는
· 선진국만 감소 의무를
가진다
· 중국이나 인도 등은 개발
도상국으로 분류되어
감소 의무가 없다
· 그러나 개발 도상국의
이산화탄소 배출이
급격히 늘어났다
· 그래서 미국이 감소
의무를 거부하기도 했다

이대로는
안 돼

개발 도상국의
경제 성장으로
이산화탄소 배출량이
점점 증가

사상 처음으로 온 나라가
참가하는 공평한 합의

각국 정부는 목표 달성을 위
한 장기 정책을 발표한다

그러나 2017년
미국의 트럼프 정권이
탈퇴를 표명했다

22~23쪽으로

지속가능 발전 목표(SDGs)가 지향하는 깨끗한 에너지

세계의 공통 과제가 된 탄소 중립

파리 협정이 채택되기 2개월 전인 2015년 9월에 뉴욕 유엔 본부에서 '지속가능 발전 세계 정상 회의'가 열렸다. 이 회의에서 유엔에 참가하는 세계 193개 나라는 '지속가능한 발전을 위한 2030 의제'를 채택했다. 그리고 2030년까지 달성해야 할 것으로 아래에 나타내는 17가지 '지속가능 발전 목표'를 내걸었다.

목표 1 세계 곳곳에서 온갖 형태의 빈곤을 퇴치한다	**유엔이 2030년까지 지향해야 할**
목표 2 기아를 없애고 식량을 안정적으로 확보하면서 영양 상태를 개선하고 동시에 지속가능한 농업을 추진한다	

목표 3 전 연령 모든 사람들의 건강한 생활을 확보하고 복지를 추진한다

목표 4 모든 사람들에게 포용적이면서도 공평하고 질 높은 교육을 제공하며 평생 학습할 기회를 촉진한다

목표 5 성평등을 달성하고 모든 여성과 여아가 능력을 강화하도록 만든다

목표 6 모든 사람들이 물과 위생에 접근하고 지속가능하게 관리할 수 있도록 한다

목표 7 모든 사람들이 적당하고 신뢰할 수 있으며 지속가능하고 근대적인 에너지에 접근할 수 있도록 확보한다

목표 8 모든 사람들을 위해 포용적이며 지속가능한 경제 성장을 이루고 생산적인 완전 고용과 보람 있는 일을 추진한다

목표 9 강인한 인프라를 정비하고 포용적이며 지속가능한 산업화를 추진하면서 동시에 이노베이션 확대를 꾀한다

이 중에 탄소 중립 사회와 관련된 목표는 7번 '모두를 위한 깨끗한 에너지'이다. 깨끗한 에너지란 태양광, 풍력, 지열처럼 사용해도 줄지 않고 이산화탄소 등의 온실가스를 배출하지 않는 재생 에너지를 가리킨다. 구체적으로는 2030년까지 재생 에너지의 이용 비율을 대폭으로 늘리거나 에너지 효율을 높이자는 목표를 들고 있다.

탄소 중립을 서두르는 이유는 이산화탄소의 증가로 기후 변화가 일어나고 있다는 사실 그 하나 때문이다. 따라서 '기후 변화에 대한 대응'이라는 13번 목표도 해결해야 한다. 또한 산업도 생활도 모두 에너지를 이용해야 이루어지기 때문에 9번 목표 '산업, 혁신, 사회 기반 시설'과 12번 목표 '지속가능한 생산과 소비'도 해결해야 한다. 나아가 기후 변화는 여러모로 영향을 미치기 때문에 다른 목표들도 꾸준히 실천해야 할 필요가 있다.

지속가능 발전 목표와 파리 협정이라는 세계 공통 지침이 제시된 후로 전자는 2030년, 후자는 2050년이라는 기한을 내걸고 각 나라마다 탄소 중립을 위한 움직임이 이미 시작되었다.

지속가능 발전 목표

목표 **12** 지속가능한 소비와 생산 패턴을 확보한다

목표 **13** 기후 변화와 그 영향에 맞서기 위해 긴급 대책을 세운다

목표 **14** 해양과 해양 자원을 지속가능한 개발을 위해 보전하고 지속가능한 형태로 이용한다

목표 **15** 육상 생태계를 보호하고 회복 및 지속가능한 이용을 추진, 삼림의 지속가능한 관리, 사막화에 대한 대처, 토지 악화 저지와 회복 및 생물 다양성의 손실을 저지하도록 한다

목표 **10** 각 나라 안, 혹은 나라 사이의 불평등을 바로잡는다

목표 **16** 지속가능한 발전을 위해 평화롭고 포용적인 사회를 추진하고 모든 사람이 사법에 접근할 수 있도록 하며 온갖 수준에서 효과적이고 책임 있는 포용적인 제도를 구축한다

목표 **11** 도시와 인간의 거주지를 포용적이며 안전하고 강인하면서도 지속가능케 한다

목표 **17** 지속가능한 발전을 위해 실시 수단을 강화하고 글로벌 파트너십을 활성화한다

기온 상승을 1.5도 이내로 줄이기 위해 세계 각국이 내건 목표와 과제는?

2050년까지 실질적 제로(0) 만들기

세계는 지금 산업 혁명 전과 비교해서 기온 상승을 1.5도 이내로 줄이기 위해 2050년까지 온실가스 배출량을 실질적 제로로 만들려고 하고 있다. 실질적 제로란 이산화탄소 등의 배출량과 흡수량이 서로 같아지는 것을 뜻하며, '넷 제로(net zero)', '탄소 중립(carbon neutral)'이라고도 한다. 구체적으로는 숲을 만들어서 미처 줄이지 못한 배출량을 흡수하게 하거나 배출한 이산화탄소를 회수하는 방법 등이 있다. 유럽 연합의 여러 나라들은 한발 앞서 이 목표를 달성하기 위해 실천하겠다는 뜻을 나타냈는데, 이렇게 되면 이산화탄소 배출량이 많은 나라들이 어떻게 나올지 궁금해진다.

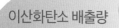

이산화탄소 배출량

이산화탄소 배출량 (전 세계의 28.8%)

9,825.80

2019년 BP 통계, 단위는 100만 톤

2030년에 배출량이 절정에 달하도록 하는 중국의 과제는

전력의 60%를 차지하는 석탄 화력 발전의 전환

2060년까지 실질적

0으로

탄소 중립 사회를 실현하겠다

시진핑

정권 교체로 파리 협정에 복귀한 미국

트럼프 정권은 파리 협정에서 탈퇴했지만, 사실 국내에서는 탄소 중립을 위한 노력이 진행되고 있었다

트럼프

4,964.69

(전 세계의 14.5%)

2030년까지 2005년과 비교해서 **50~52%** 줄이기.
2050년까지 실질적

0으로

바이든

아직 2억 명이 전기를 쓰지 못한다. 에너지 확보와 이산화탄소 줄이기가 모두 필요한 인도

전력 확보와 탄소 중립을 동시에 이루어야 하는 어려운 과제에 에너지 절약과 재생 에너지 강화로 도전한다

2,480.35

(전 세계의 7.3%)

2030년까지 2005년도 국내 총생산(GDP)과 비교해서 **33~35%** 줄이기

1 중국

2 미국

3 인도

| 28.8% | 14.5% | 7.3% |

2대 배출국, 미국과 중국이 방향을 바꾸다

아래에는 2019년에 이산화탄소 배출량이 상위에 해당했던 나라가 내건 절감 목표와 과제를 나타냈다. 이산화탄소를 가장 많이 배출하는 나라인 중국은 경제 발전을 우선시하느라 이산화탄소 줄이기에 소극적이었는데, 2020년 9월에 갑자기 2060년까지 실질적 제로 만들기를 선언했다. 재생 에너지에 힘을 쏟아 석탄 화력에서 벗어나고자 하는 의도로 보인다. 배출량 2위인 미국도 2021년 1월에 바이든 정권으로 교체되면서 파리 협정에 다시 돌아왔고, 2050년까지 실질적 제로 만들기를 목표로 내걸었다. 2대 배출국이 구체적인 목표를 드러내면서 드디어 전 세계의 뜻이 하나로 모였는데, 국정의 차이 때문에 나라마다 다른 과제를 안고 있다.

(＊ 최근에는 2050년까지 기업이 사용하는 전력량의 100%를 재생 에너지로 충당하겠다는 RE100(Renewable Energy 100%) 국제 캠페인이 주목받고 있다. 유럽 연합은 에너지원의 친환경 녹색 사업 여부를 알려주는 기준으로 녹색 분류 체계인 EU 택소노미 제정을 앞두고 있고, 다른 나라들도 잇따라 준비하고 있어 에너지 전환에 대한 국제적 요구는 더욱 커지고 있다. -감수자)

상위 8개국의 감축 목표는?

러시아의 목표에 따르면 이산화탄소는 증가한다

러시아의 이산화탄소 배출량은 소련이 붕괴한 후에 감소해서 현재는 이미 1990년의 50%. 그러니까 20%를 더 늘려도 된다는 뜻이다

1,532.56
(전 세계의 **4.5%**)

2030년까지
1990년과 비교해
30% 줄이기

일본은 구체적으로 무엇을 하는가?

26~27 쪽으로

1,123.12
(전 세계의 **3.3%**)

2030년까지
2013년과 비교해서
46% 줄이기.
2050년까지 실질적
0으로

독일은 재생 에너지의 우등생

석탄 화력을 단계적으로 폐지하고 수소, 바이오매스 등 재생 에너지로 전환, 이산화탄소를 자원으로 만드는 작업을 추진하고 있다

683.77
(전 세계의 **2.0%**)

2050년까지
1990년과 비교해서
80~95% 줄이기.
전력을 재생
에너지로 만들기
83%

자금과 기술 원조가 필요한 이란

자국만의 힘으로 실행할 경우, 절감 목표는 4%. 타국에서 기술과 자금을 지원받으면 8%를 더 올리겠다고 밝혔다

670.71
(전 세계의 **1.9%**)

2030년까지
12% 줄이기

한국도 실질적 제로 선언

재생 에너지, 수소, 에너지 IT(정보 통신 기술)의 3대 새로운 산업 육성 등을 밝혔다

638.61
(전 세계의 **1.8%**)

2030년까지 2018년과 비교해서 40% 줄이기.
2050년까지

실질적 **0**으로

4 러시아	**5** 일본	**6** 독일	**7** 이란	**8** 한국
4.5%	3.3%	2.0% 1.9% 1.8%		

나머지 모든 나라의 합계 **35.9%**

2050년 실질적 제로 실현을 위한 일본의 사례

전력과 산업을 탄소 제로로 만드는 것이 급선무

2020년 9월부터 2021년 10월까지 일본 총리로 활동한 스가 요시히데는 2020년 10월 26일에 했던 소신 표명 연설에서 2050년까지 이산화탄소 등 온실가스를 실질적 제로로 만들겠다는 입장을 발표했다. 탄소 중립 사회를 향해 방향을 튼 것이다.

그러나 일본의 온실가스 배출량은 약 12억 톤이다. 아래 그래프에서 볼 수 있듯이 근래 몇 년 동안 조금씩 감소하고 있다고는 하지만, 앞으로 30년 동안 실질적 제로로 만들 수 있을까? 세계에서 배출되는 온실가스 가운데 이산화탄소가 차지하는 비율은 약 76%인데, 일본은 90% 이상으

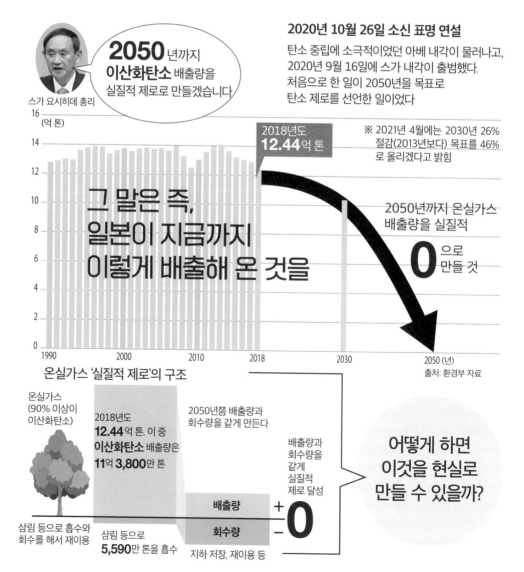

스가 요시히데 총리

2050년까지
이산화탄소 배출량을
실질적 제로로 만들겠습니다

2020년 10월 26일 소신 표명 연설
탄소 중립에 소극적이었던 아베 내각이 물러나고,
2020년 9월 16일에 스가 내각이 출범했다.
처음으로 한 일이 2050년을 목표로
탄소 제로를 선언한 일이었다

그 말은 즉,
일본이 지금까지
이렇게 배출해 온 것을

2018년도
12.44억 톤

※ 2021년 4월에는 2030년 26%
절감(2013년보다) 목표를 46%
로 올리겠다고 밝힘

2050년까지 온실가스
배출량을 실질적

0으로
만들 것

출처: 환경부 자료

온실가스 '실질적 제로'의 구조

온실가스
(90% 이상이
이산화탄소)

2018년도
12.44억 톤. 이 중
이산화탄소 배출량은
11억 3,800만 톤

2050년쯤 배출량과
회수량을 같게 만든다

배출량과
회수량을
같게
실질적
제로 달성

배출량 **+**
회수량 **− 0**

삼림 등으로 흡수와
회수를 해서 재이용

삼림 등으로
5,590만 톤을 흡수

지하 저장, 재이용 등

어떻게 하면
이것을 현실로
만들 수 있을까?

로 특히 더 높다는 특징이 있다. 그 내역을 살펴보면 발전소에서 40.1%, 공장 등에서 25%이다. 이 전력 에너지 부문과 산업 부문의 배출량을 대폭으로 줄이지 못하면 실질적 제로를 달성하기란 어려울 것이다.

2050년까지 재생 에너지를 60%까지 끌어올린다

특히 전력 부문이 문제다. 일본의 경제산업성의 자원 에너지 분야에 따르면, 2018년도 일본의 전원은 화력 77%, 재생 에너지 17%, 원자력 6%로 구성되어 있었다. 유럽의 나라들에 비해 재생 에너지 도입이 뒤떨어졌다는 것을 알 수 있다. 이 재생 에너지 비율을 2050년에는 50~60%까지 끌어올리고 새로운 자원으로 수소와 암모니아를 이용한 발전을 10%로 하며 기타 30~40%는 원자력 및 탄소를 재이용하는 화력으로 공급한다는 안이 발표되었다.

이산화탄소를 배출하지 않는 청정한 에너지로서 원자력을 재평가하여 추진하려는 움직임을 보인다는 점은 아쉽다. 세계가 원자력 발전소에서 벗어나려고 노력하는 가운데, 원자력은 탄소 중립과 따로 분리해서 생각해야 할 필요가 있을 것이다.

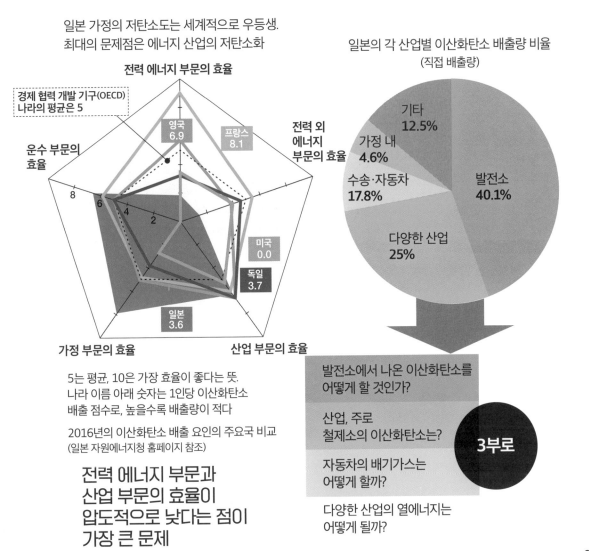

일본 가정의 저탄소도는 세계적으로 우등생.
최대의 문제점은 에너지 산업의 저탄소화

일본의 각 산업별 이산화탄소 배출량 비율
(직접 배출량)

5는 평균, 10은 가장 효율이 좋다는 뜻.
나라 이름 아래 숫자는 1인당 이산화탄소
배출 점수로, 높을수록 배출량이 적다
2016년의 이산화탄소 배출 요인의 주요국 비교
(일본 자원에너지청 홈페이지 참조)

**전력 에너지 부문과
산업 부문의 효율이
압도적으로 낮다는 점이
가장 큰 문제**

발전소에서 나온 이산화탄소를
어떻게 할 것인가?

산업, 주로
철제소의 이산화탄소는?

자동차의 배기가스는
어떻게 할까?

3부로

다양한 산업의 열에너지는
어떻게 될까?

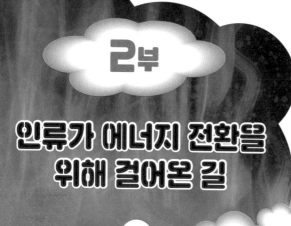

**불을 이용해 인류가
손에 넣은
열과 빛 에너지**

불에 대한 인류의 다채로운 생각

불을 더
빛을 더

인류는 불과 만나 진화했다

인류가 처음으로 손에 넣은 에너지는 불이 만들어 낸 열과 빛 에너지였다. 불은 사용해도 흔적이 잘 남지 않아서 언제부터 이용하기 시작했는지는 확실하지 않다. 약 50만 년 전 베이징의 원시인이 처음으로 사용했다는 설도 있고, 약 79만 년 전으로 거슬러 올라간다는 설도 있다.

아무튼 처음에는 산불이나 화산의 분화, 벼락 등 자연의 불을 나뭇가지 등으로 옮겨서 사용했다고 추측된다. 이내 나무끼리 비비거나 부싯돌을 쳐서 직접 불을 피우는 방법을 생각해 내게 되었다. 불을 이용하면서 인류의 생활은 크게 변화했다. 몸을 녹일 수 있게 되면서 추운 지역에서도 살 수 있게 되었다. 밤에 불을 지펴 놓으면 짐승으로부터 몸을 지킬 수 있었기 때문에 나무 위가 아닌 땅 위에서 잘 수 있게 되었다. 약 2만 년 전에 그려진 라스코 동굴 벽화는 그 당시에 이미 인류가 암흑을 비추는 불빛을 밝혀 그림을 그렸다는 증거로 남아 있다.

불에 대한 공포심과 경외심

만물을 정화하는 불

어둠을 밝히는 지혜의 빛

불을 제어하는
과학적 기술의 탐구

불을 신격화하면서
숭배의 대상이 되었다

▶켈트 신화에
나오는
불의 여신,
브리짓

고대 인도의
불의 신, 아그니

그리스 신화의 프로메테우스.
인류에게 불을 선물했다

▶하와이 신화에 나오는
불의 여신 펠레

50만 년 정도 전에 인류는 불 만드는 기술을 익혔다

79만 년 전부터 인류는 불을 만들었다?

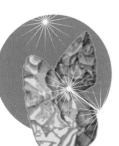

지금까지는 50만 년 전의 베이징 원시인이 불을 처음으로 사용했다고 추측했는데, 최근에 79만 년 전의 이스라엘 북부 유적에서 불에 그을린 부싯돌이 발견되었다. 이 불꽃에서 인류의 진화가 시작되었을까?

2만 년쯤 전에 인류는 프랑스의 라스코 동굴에서 동굴 내부에 빛을 비추어 벽화를 그렸다

사냥한 것으로 보이는 말, 양, 들소, 사슴, 그리고 인간의 모습과 신기한 기하학 모양까지 600점에 이르는 그림이 그려져 있다

인류의 첫 번째 에너지 전환

불빛의 불

따뜻한 불

열에너지의 불

2만 년쯤 전부터 인류는 토기를 굽기 시작했다고 한다

중국 장시성의 동굴에서 세계에서 가장 오래된 것으로 보이는 토기가 발견되었다. 요리에 사용한 것으로 추측되며 빙하기에 살아남기 위해 중요한 역할을 했을 것으로 보인다

기원전 3,000년경, 인류는 소성 벽돌을 만들기 시작했다

메소포타미아에서는 기원전 8,000년경, 흙을 사각형으로 잘 다듬고 햇볕에 말려 굳힌 일건 벽돌을 만들었고, 그 후에 불에 구워 굳힌 소성 벽돌이 대량으로 생산되면서 거대한 건축물이 세워졌다

불을 에너지로 활용

불을 사용해서 음식을 요리할 수 있게 된 것이 가장 큰 변화였다. 딱딱한 음식도 불을 거치면 부드러워져서 영양소를 효율적으로 섭취할 수 있었다. 그런 이유로 인류의 소화 기관은 작아지고, 그만큼 많은 에너지가 뇌로 흘러들어 가면서 뇌의 크기가 발달했다. 복잡한 생각을 할 수 있게 된 인류는 불에 대한 두려움이나 경외심을 갖게 되어 불을 신으로 모셨고, 종교가 생기게 되었다. 약 2만 년 전에 토기 문명이 생겨난 것도 요리에 쓰기 위해서였다. 고온의 불로 점토를 딱딱하게 구워서 형태가 있는 물건을 만들 수 있게 된 인류는 온갖 도구를 발명했다.

사람의 힘으로 하지 못하는 것을 불의 에너지로 이루어 낼 수 있게 된 것. 이것이 인류에게 첫 에너지 전환이었다.

인류는 불을 계속 얻기 위해 동식물의 기름이나 나무를 태워 왔다

등불의 연료는 식물기름에서 고래기름으로

불이 만들어 내는 빛 에너지는 인류에게 등불을 가져다주었다. 약 1만 년 전에 농경을 시작한 인류는 정착해서 문명을 일으켰다. 고대 이집트에서는 등불을 밝히기 위해 올리브, 깨 등 식물에서 얻은 기름을 사용했다. 약 3,000년 전에는 기름을 그릇에 넣은 오일 램프도 생겼다. 중세 이슬람 교권에서는 모스크(예배당)의 내부를 비추기 위해 장식을 단 램프를 달았고, 램프는 단순한 등불에서 미술품으로 탈바꿈했다.

한편 유럽에서는 16세기경부터 고래기름이 등불을 켜기 위해 사용되었는데, 곧 나라가 세워진

등불의 불 ➤ 등불에 쓰는 기름의 재료는 식물에서 동물로 바뀌고

헬레니즘 시대의 테라코타 램프

로마 시대의 램프

이집트 시대부터 옹기로 된 기름 그릇이 램프로 발전했다

죽은 자의 부활을 믿는 이집트 사람들은 미라를 보존하는 데 쓰는 향유에 깊은 지식을 갖고 있었다. 다양한 기름이 의약, 화장, 연고, 세안, 그리고 등불에 이용되었다

- 값비싼 참기름
- 일반적인 올리브유
- 아몬드유
- 아마인유
- 카놀라유

이슬람의 모스크 램프가 등장하면서 램프는 예술품이 되었다

신의 모습을 그리는 것을 금지한 이슬람교는 신을 표현하는 상징적인 예술을 만들어 냈다. 모스크의 내부를 비추는 모스크 램프가 대표적이다

열에너지의 불 ➤ 고대 문명은 목재를 한껏 이용했다

기원전에 지중해에서 레바논 삼목이 사라졌다

페니키아를 지중해 무역의 지배자로 만든 레바논 삼목

페니키아인은 레바논 삼목 덕분에 지중해 무역에 진출했다. 그들의 우수한 무역선을 만드는 데 레바논 삼목을 사용했고, 신전을 건설할 때도 이용했다. 이 때문에 지중해 지역의 레바논 삼목은 찾아보기가 힘들었다.

청동에서 철의 시대로. 제철을 위해 대량의 목탄이 사용되기 시작했다

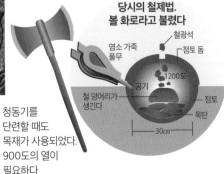

당시의 철제법. 볼 화로라고 불렸다

- 염소 가죽 풀무
- 철광석
- 점토 돔
- 1200도
- 공기
- 철 덩어리가 생긴다
- 점토
- 목탄
- 30cm

청동기를 단련할 때도 목재가 사용되었다. 900도의 열이 필요하다

지 얼마 되지 않은 미국으로 전파되었다. 서양 여러 나라에서는 19세기에 석유가 등장할 때까지 고래를 마구잡이로 잡아들였다.

철기 문명이 부른 목재 부족 현상

불을 이용하기 위해 희생된 자원은 고래뿐만이 아니었다. 고대부터 인류는 연료나 건설 자재로 목재를 사용해 왔는데, 특히나 더 많이 필요해진 것은 철제 때문이었다. 나무에 열을 가해서 쪄 낸 목탄을 사용하면 금속을 녹일 수 있을 만큼 높은 온도를 얻을 수 있다는 사실을 알아낸 인류는 토기에서 청동기, 그리고 철기 문명으로 걸음을 옮겼다.

기원전 15세기경에 히타이트 제국에서 발달한 철제 기술은 고대 그리스에서 로마로, 나아가 유럽 전역으로 널리 퍼졌다. 철제를 받아들인 지역에서 목탄을 얻기 위해 대량으로 나무를 베어 내는 바람에 유럽의 숲은 눈 깜짝할 새에 줄어들었다. 이 심각한 목재 부족 사태는 다음 에너지로 빨리 전환하라는 신호였다.

고래기름이 현대의 석유처럼 사용되었다

이 기름을 얻으려고 19세기에는 미국에서만 연간 1만 마리의 고래를 잡았다

고래가 그 당시 생활에 많은 도움이 되었다는 사실이 그려져 있다. 조명으로 쓰는 기름, 우산 뼈대, 비료, 약품 등이 그것이다. 그러나 대부분을 차지하는 살은 그냥 버려졌다

그래서 16세기까지 유럽의 삼림은 파괴되었다

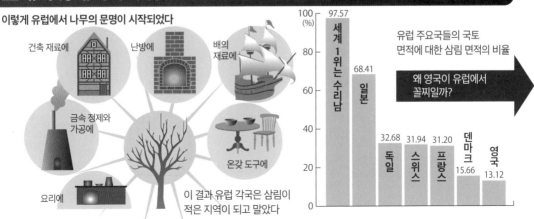

이렇게 유럽에서 나무의 문명이 시작되었다

건축 재료에
난방에
배의 재료에
금속 정제와 가공에
온갖 도구에
요리에

이 결과 유럽 각국은 삼림이 적은 지역이 되고 말았다

유럽 주요국들의 국토 면적에 대한 삼림 면적의 비율

왜 영국이 유럽에서 꼴찌일까?

세계 1위는 수리남 97.57
일본 68.41
독일 32.68
스위스 31.94
프랑스 31.20
덴마크 15.66
영국 13.12

산업 혁명 전야, 목재 부족으로 어려움을 겪던 영국을 구한 석탄

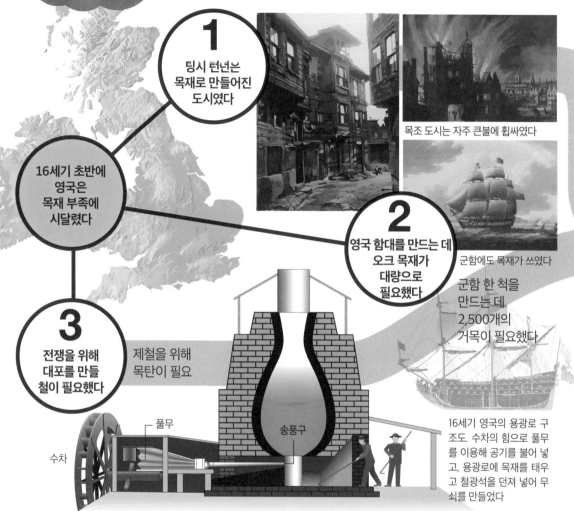

1
당시 런던은 목재로 만들어진 도시였다

목조 도시는 자주 큰불에 휩싸였다

16세기 초반에 영국은 목재 부족에 시달렸다

2
영국 함대를 만드는 데 오크 목재가 대량으로 필요했다

군함에도 목재가 쓰였다

군함 한 척을 만드는 데 2,500개의 거목이 필요했다

3
전쟁을 위해 대포를 만들 철이 필요했다

제철을 위해 목탄이 필요

풀무

송풍구

수차

16세기 영국의 용광로 구조도. 수차의 힘으로 풀무를 이용해 공기를 불어 넣고, 용광로에 목재를 태우고 철광석을 던져 넣어 무쇠를 만들었다

목재가 고갈되고 석탄의 시대가 오다

오래 이어졌던 나무를 태우는 시대는 가고 석탄을 태우는 시대가 왔다. 인류가 두 번째 에너지 전환을 맞이한 무대는 바로 산업 혁명이 코앞에 있었던 영국이었다. 영국의 수도 런던이라고 하면 석조나 벽돌 건물이 즐비한 풍경이 떠오른다. 그러나 1666년에 런던에서 큰 화재가 일어나 전부 다 불에 타기 전까지, 이 도시에는 목조 집들이 빽빽하게 늘어서 있었다. 런던은 어마어마한 양의 목재를 투자해 만들어진 나무 도시였던 것이다.

숲에서 베어 낸 목재는 건축뿐만 아니라 전쟁에도 사용되었다. 군함을 한 척 만들려고 2,500그루나 되는 거목을 사용했고, 대포를 만들려면 제철용 목탄이 대량으로 필요했다. 울창했던 영국의 숲에서 나무들이 우수수 베어져 나가는 바람에 북유럽에서 목재를 수입해야 할 지경에 이르렀다. 이때 목재 대신 쓸 수 있는 에너지원으로 주목을 받은 것이 석탄이다.

런던의 하늘은 매연으로 자욱했고
소년들은 굴뚝 청소에 나섰다

런던에는 굴뚝을 청소하는 소년들이 많았다.
영화 〈메리 포핀스〉에 나오는 〈침 침 체리〉는
그런 굴뚝 청소원을 노래했다

목재가
부족

이 위기를
벗어나기 위해

석탄을 쓰자

그러나 당시의 영국 탄광도 열악한 상황이었다

당시의 탄광은 항상 지하수가 말썽이었다. 좁은 갱도 속에서 사람의 힘으로 석탄을 옮겨야 했는데, 그것도 소년들이 했다. 그런데 이 갱도가 물에 잠겨 폐쇄되었다

이렇게 해서 탄광은 살아남아
대량의 석탄이 런던의 난로에서 태워졌다

이 탄광을 영국의 기술자
뉴커먼이 만든 증기 기관
양수기가 구제했다

이때부터 산업 혁명이 시작되었다

탄광 개발이 원한 새로운 동력

석탄은 수천만 년에서 수억 년 전의 식물이 땅속에 퇴적되어 오랜 시간이 지나면서 화석으로 변한 것이다. 예로부터 '불타는 돌'로 알려져 있었지만, 16세기 중반에 영국에서 처음으로 널리 보급되어 사용하게 되었다. 영국은 석탄 자원이 매우 풍부했기 때문에 처음에는 가정의 난방이나 공장의 연료로 썼고, 17세기에는 제철용으로 사용했다.

그러나 석탄의 수요가 급속하게 많아지면서 잇따라 탄광이 개발되자 새로운 문제가 제기되었다. 하나는 석탄을 파낼 때 지하수가 대량으로 흘러들어 올 위험이 있기 때문에 물을 퍼내는 동력이 필요하다는 것. 또 하나는 인력이나 마력에만 의존하던 그 당시에 대량의 석탄을 탄광에서 철제 공장으로 운반할 수 있는 수단이 필요하다는 것이었다. 이 2가지 문제는 증기 기관이라는 새로운 동력이 발명되면서 단번에 해결되었다. 이때부터 산업 혁명이 시작되었다.

증기 기관과 제철 기술의 혁신이 산업 혁명과 에너지 전환을 재촉하다

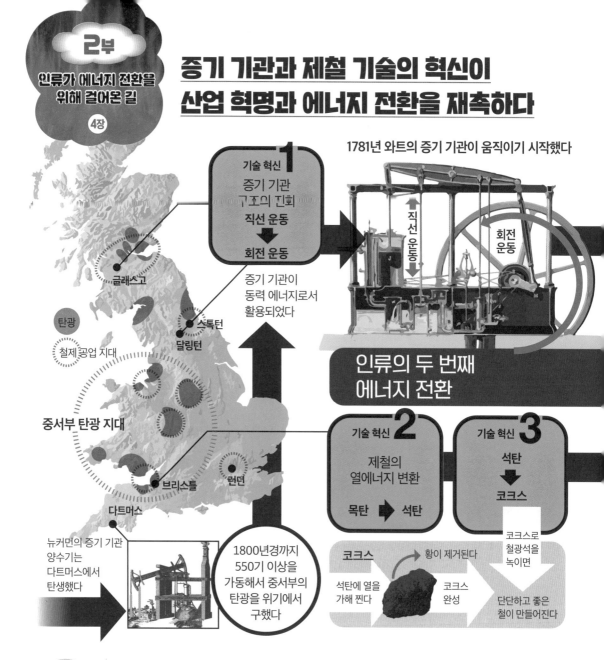

1781년 와트의 증기 기관이 움직이기 시작했다

기술 혁신 1
증기 기관
구조의 진화
직선 운동
↓
회전 운동

증기 기관이 동력 에너지로서 활용되었다

직선 운동 / 회전 운동

인류의 두 번째 에너지 전환

기술 혁신 2
제철의
열에너지 변환
목탄 ➡ 석탄

기술 혁신 3
석탄
↓
코크스

코크스로 철광석을 녹이면
↓
단단하고 좋은 철이 만들어진다

코크스
석탄에 열을 가해 찐다 → 황이 제거된다 → 코크스 완성

글래스고

탄광

철제 공업 지대

중서부 탄광 지대

스톡턴
달링턴

브리스틀 · 런던

다트머스

뉴커먼의 증기 기관 양수기는 다트머스에서 탄생했다

1800년경까지 550기 이상을 가동해서 중서부의 탄광을 위기에서 구했다

석탄이 부추긴 증기 기관 개발

골치 아픈 탄광의 배수 문제는 영국의 기술자 뉴커먼의 증기 기관으로 해결됐다. 증기 기관이란 물을 끓여서 생기는 증기를 사용하여 동력을 얻는 장치를 말한다. 뉴커먼의 증기 기관은 탄광에서 물을 퍼 올릴 수 있도록 공헌했지만, 열효율이 나쁘다는 점이 문제였다. 이 문제는 영국의 기계 기술자 와트가 개선했다.

와트는 1765년에 증기의 힘을 빌려 피스톤을 위아래로 움직이게 하는 증기 기관을 새로 발명했다. 게다가 1781년에는 톱니바퀴를 사용해서 왕복 운동을 하던 피스톤을 회전 운동으로 전환하는 데 성공했다. 이렇게 해서 증기 기관은 물을 퍼 올리는 것뿐만 아니라 공장의 기계를 움직이는 동력으로도 작용하여 공업화에 박차를 가했다. 탄광의 또 다른 문제인 석탄 운반을 해결한 것도 증기 기관이었다. 1814년에 영국의 기술자 스티븐슨은 탄광에서 사용하기 위해 증기 기관차를 개발

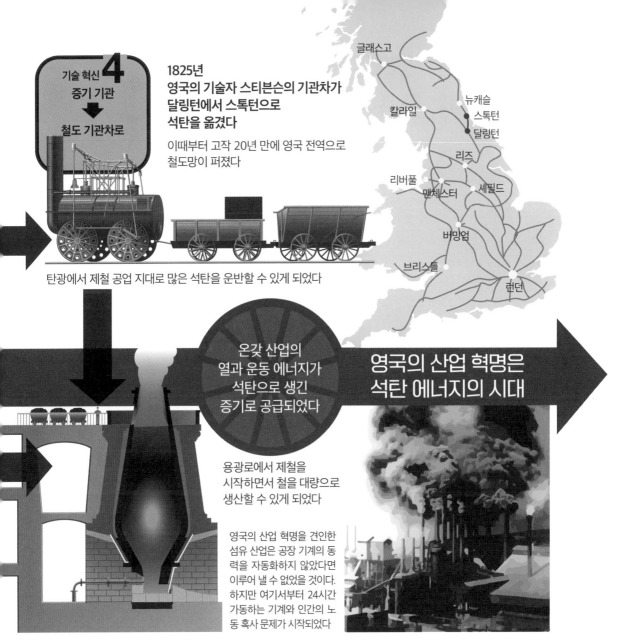

기술 혁신 4
증기 기관
⬇
철도 기관차로

1825년
영국의 기술자 스티븐슨의 기관차가
달링턴에서 스톡턴으로
석탄을 옮겼다

이때부터 고작 20년 만에 영국 전역으로
철도망이 퍼졌다

글래스고
뉴캐슬
칼라일
스톡턴
달링턴
리즈
리버풀
맨체스터
셰필드
버밍엄
브리스틀
런던

탄광에서 제철 공업 지대로 많은 석탄을 운반할 수 있게 되었다

온갖 산업의
열과 운동 에너지가
석탄으로 생긴
증기로 공급되었다

영국의 산업 혁명은
석탄 에너지의 시대

용광로에서 제철을
시작하면서 철을 대량으로
생산할 수 있게 되었다

영국의 산업 혁명을 견인한
섬유 산업은 공장 기계의 동
력을 자동화하지 않았다면
이루어 낼 수 없었을 것이다.
하지만 여기서부터 24시간
가동하는 기계와 인간의 노
동 혹사 문제가 시작되었다

했다. 또한 1825년에는 세계 최초로 공공 철도를 개통하여 석탄과 승객을 태우고 15km를 달리는
데 성공했다. 1840년대에는 철도망이 영국 전역으로 퍼지기에 이르렀다.

제철 기술이 발달하면서 산업 혁명이 일어났다

증기 기관과 나란히 급속하게 발달한 것이 제철 기술이다. 제철용 연료가 목탄에서 석탄으로
바뀌자 새로운 문제가 불거졌다. 석탄에는 황 등의 불순물이 들어 있어서 철이 변질되었다. 그래
서 석탄을 열로 쪄 내서 코크스로 사용하는 방법을 고안해 냈다. 또한 용광로의 동력이 수차에서
증기 기관으로 바뀌면서 철을 대량 생산할 수 있게 되었다.

이렇게 18세기 후반부터 19세기에 걸쳐 증기 기관과 제철 기술을 얻은 영국에서 산업 혁명이
일어났다. 증기 기관은 증기를 얻기 위해, 제철은 철광석을 녹이기 위해 대량의 석탄을 태워야만
했다. 인류는 이때부터 땅속에서 파낸 탄소를 태워 대량의 이산화탄소를 배출하게 되었다.

인류는 전기의 존재를 알고, 2,400년 후에 전기를 일으켰다

> 호박이 사물을 끌어당기는 힘이 자력이다

기원전 600년경, 그리스의 철학자 탈레스가 전기의 존재를 발견하다

호박을 가죽으로 문지르면 깃털이나 먼지를 끌어당긴다. 이 정전기를 일으키는 호박을 그리스어로 엘렉트론이라고 하며 이것이 영어로 전기의 어원이 되었다

그리스어로 **elektron**이 영어로 **electricity** 즉, 전기가 되었다

기원전 250년경 바그다드에서 전지가 만들어졌을 가능성이 있다

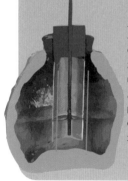

토기 안에 통으로 된 구리를 설치하고, 그 안쪽에 철로 된 봉과 전해액을 넣고 전지를 만든 것이 아닐까 추측하는 연구자도 있다. 실제로 이것이 무엇에 쓰였는지는 아직 정설이 없다

17세기에 접어들어 유럽에서는 전기 연구가 시작되었다

피터르 판 뮈스헨브루크 (1692~1761년) 네덜란드의 과학자

1746년 라이덴병이 발명되었나

뮈스헨브루크가 정전기를 모으는 장치인 라이덴병을 발명했다. 유리병 안쪽과 바깥쪽에 주석박을 붙이고 쇠사슬이 달린 놋쇠 막대를 꽂아 사슬을 안쪽 주석과 접촉하게 한다. 막대 끝 쪽에 정전기를 띠는 물체를 접촉시켜서 그 정전기를 안쪽으로 모으는 구조

1780년에 볼타가 사상 최초로 전지를 발명

알렉산드로 볼타 (1745~1827년) 이탈리아의 물리학자

볼타는 두 개의 다른 금속과 염성 용액 사이에서 전기가 발생한다는 사실을 증명했다. 볼타는 원반 모양의 아연, 구리, 식염수로 적신 종이를 겹겹이 쌓아 전지를 만들었다

1820년 전자기 발견

한스 크리스티안 외르스테드 (1777~1851년) 덴마크의 물리학자

외르스테드는 실험 장치를 만들다가 자기 컴퍼스 위에 있는 와이어에 전류를 흐르게 하면 자기 컴퍼스의 침이 움직인다는 사실을 알아냈다. 여기서 그는 전류가 자장을 만들어 낸다는 사실을 발견했다

전류가 흐르지 않는다

컴퍼스는 남북을 가리킨다

전류를 흐르게 하면

전류가 만드는 자장의 방향으로 침이 움직인다

고대부터 알려져 있던 전기

석탄을 태워서 달리던 증기 기관차는 이제 전기로 달리는 전철로 바뀌었다. 인류는 언제부터 전기를 알았을까?

기원전 600년경, 고대 그리스의 철학자 탈레스는 호박을 문지르면 먼지 등을 끌어당긴다는 사실을 깨닫고 정전기의 존재를 발견했다. 고대 그리스어로 호박은 '엘렉트론'이라고 했는데 이것이 전기(electricity)의 어원이 되었다.

이라크의 바그다드 근교에서는 기원전 250년경에 만들어진 것으로 보이는 '바그다드 전지'가 발견되었다. 초벌구이한 항아리 안에 철 막대를 꽂은 구리 통을 넣고 식초에 담가서 전기를 일으켰다고 추측되는데, 정말 전지로서 사용했는지는 알 수 없다.

1752년 프랭클린이 번개가 전기 현상이라는 사실을 증명

현재 건물에 자주 사용되는 피뢰침은 프랭클린이 발명한 것. 피뢰침은 천둥과 번개를 모아 건물에 영향을 주지 않도록 땅으로 흘려 보내는 효과가 있다

벤자민 프랭클린 (1706~1790년)
미국의 정치가·과학자

프랭클린은 번개가 치는 날에 연을 올려서 실 끝에 연결한 라이덴병에 정전기를 모으는 데 성공했다. 런던 왕립 학회는 이 업적을 기려 프랭클린에게 가장 권위 있는 상을 수여했다

인류의 세 번째 에너지 전환

패러데이의 발견이 전자기학 연구를 크게 발전시켰다

마이클 패러데이의 등장

패러데이는 자석이 서로 끌어당기는 공간에 자기를 전달하는 무언가가 있다고 생각하고, 그 힘이 작용하는 공간을 자장이라는 물리 공간으로 해석했다

전기에서 자기가 생긴다면, 자기에서 전기가 생길 수도 있을 거야

마이클 패러데이
(1791~1867년)
영국의 물리학자이자 화학자

현재 우리 삶의 대부분은 패러데이가 이룬 수많은 물리학의 공적 덕분이다. 발전 장치, 전동 모터, 전기 통신, 전파 통신 등 현대의 전자 기술은 여기에서 출발했다

자석을 회전시키면 / 가동 철사가 회전된다

전류

1 패러데이가 발명한 전자 회전 장치

전류로 생겨난 자장과 자석의 자장 반발력을 이용하여 전기 에너지에서 기계 동력 에너지를 얻을 수 있다는 사실을 증명했다

2 패러데이의 전자 유도 법칙

자석
N S
전류

자석을 코일에 가까이 대거나 멀리 떨어뜨리면 코일에 전류가 흐르는 현상을 전자 유도라고 부른다. 전기와 자기의 관계성을 발견하고, 이 구조로 자기를 발생시켜 전기를 만들어 내는 원리를 발견했다

3 간편한 발전 장치를 만들었다

전기를 얻는 방법이 전지밖에 없던 시대에 자석과 자석 사이에 금속 원반을 회전시켜 발전하는 장치를 발명했다

이 발견이 전기와 자기를 연구하는 길로 이끌었다

제임스 클러크 맥스웰
(1831~1879년)
스코틀랜드의 이론 물리학자·수학자

패러데이가 발견한 전자기학 연구를 일련의 방정식으로 완성했다

맥스웰이 패러데이의 발견을 물리 방정식으로 만들었다

패러데이가 구상한 전장과 자장을 방정식으로 정리함과 동시에 빛이 전자파라는 사실도 증명했다

전기를 둘러싼 발견이 줄을 잇다

본격적인 전기 연구가 18세기의 유럽에서 시작되면서 획기적인 발명이 잇따랐다. 1746년, 네덜란드의 과학자 뮈스헨브루크는 유리병과 물을 사용하여 정전기를 모을 수 있는 '라이덴병'을 발명했다. 1752년에는 미국의 과학자 프랭클린이 연을 올려 번개의 전기를 라이덴병에 모으는 데 성공했다. 또한 이탈리아의 물리학자 볼타는 식염수에 구리와 아연을 담그면 전기가 발생한다는 사실을 발견하고, 1780년에 '볼타 전지'를 발명했다. 1820년대에는 덴마크의 물리학자 외르스테드가 전기가 흐르면 자기가 발생한다는 사실을 발견했다. 그때까지 각기 다른 것으로 생각했던 전기와 자기가 상호 관계에 있다는 사실을 알게 되었고, 이때부터 전자기학 연구가 크게 발전했다. 전기가 흘러서 자기가 발생한다면 자기에서 전기를 얻을 수도 있을 것. 이 생각으로 영국의 물리학자 패러데이는 자기에서 전기를 발생시키는 데 성공했고, 전기 에너지의 시대가 열렸다.

2부
인류가 에너지 전환을 위해 걸어온 길
6장

발전과 전동력이 하나가 되어 전기 에너지의 시대가 시작되다

조지프 스완
(1828~1914년)
영국의 발명가
세계 최초로
전구를 발명했다

토머스 에디슨
(1847~1931년)
미국의 과학자·발명가·기업가

평생 동안 1,093건의 특허를 취득하고 다양한 발명을 사업에 활용했다

진기를 조명으로 쓰는 기술

1878년 전구가 탄생

진공 유리 볼에 탄화를 한 셀룰로오스 필라멘트를 넣는 방식을 발명

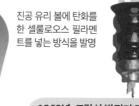

1882년 에디슨 전등 회사 설립

에디슨은 전구 발명가는 아니었지만 스완의 전구를 개량했을 뿐만 아니라 거리 전체에 불을 밝히기 위한 시스템을 만들었고, 그 시스템을 운용하는 회사를 설립하여 전기 사업을 성공시켰다

전기를 대량으로 공급하는 발전 기술

1869년 그람식 발전기 탄생

그람은 자석 사이에 동그란 코일을 돌려서 발전하는 방법을 발명했다. 이 발전기는 작아서 연속 발전할 수가 있었고, 전류의 질이 균일했기 때문에 세계적으로 보급되었다

전기를 동력으로 쓰는 기술

제노브 그람
(1826~1901년)
벨기에의 전기 기술자

그람이 발명한 환상 전기자의 발전기, 그리고 전동 모터에 대한 발전은 동력을 전기로 공급하는 제2차 산업 혁명을 여는 전환점이 되었다.

1873년 발전기가 전동기가 된다는 사실을 발견

발전기 공개 실험을 했을 때, 조수가 발전기 두 대의 출력을 접속했다. 발전기 한 대를 작동했더니 연결된 다른 한 대가 회전했다. 그람은 우연히 발생한 이 모습을 보고 전동기를 만들어 냈다.

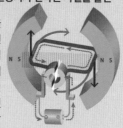

접점에서 전기가 흘러 자계가 발생하고, 자력이 생겨나 시계 방향으로 회전한다

중간에서 접점이 끊어져 전류는 멈추지만, 도는 힘은 남아서 계속 돌다가 접점에서 다시 전류가 통한다. 이런 식으로 반복해서 계속 회전한다

회전력을 전기로, 전기를 동력으로

패러데이가 발전 원리를 밝혀낸 덕분에 시대는 단숨에 변화했다.

처음으로 실용적인 발전기를 만든 사람은 벨기에의 전기 기술자 그람이었다. 그람은 1873년에 오스트리아의 빈에서 열린 만국 박람회에 발전기를 출품했는데, 조수가 잘못 접속하는 바람에 발전기 한 대를 돌리자 다른 발전기도 돌아가는 사고가 발생했다.

여기서 그람은 발전기를 동전기(모터)에도 응용할 수 있다는 사실을 깨달았다. 간략히 설명하자면 발전을 할 때는 회전 에너지를 전기 에너지로 바꾸는데, 그것을 반대로 돌려서 전기 에너지를 회전 에너지로 바꾸면 동력으로 쓸 수 있다는 것이다.

발전과 전동력이 연결되면서 다양한 가능성이 열렸고, 전기 에너지의 시대가 막을 열었다. 이것이 인류의 세 번째 에너지 전환이었다.

에디슨이
축음기와 키네토스코프를 발명

에디슨은 현재 우리 삶에 빠질 수 없는 오디오 비주얼의 기초를 만들어 냈다

1906년
최초의 라디오 방송

레지널드 페센든
(1866~1932년)
캐나다의 발명가

에디슨 연구소에서 조수로 활약하며 무선을 사용한 무음 통신 실험에 성공. 그 후 본격적인 라디오 방송을 현실로 만들었다

직접 라디오 방송을 하는 페센든

1925년
텔레비전 방송

영국의 발명가, 베어드가 실용적인 텔레비전 공개 실험을 성공시켰다

현재는 이 화력 발전의 이산화탄소가 큰 문제

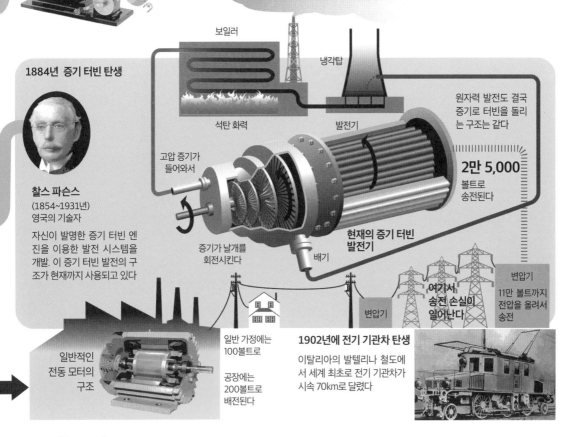

1884년 증기 터빈 탄생

찰스 파슨스
(1854~1931년)
영국의 기술자

자신이 발명한 증기 터빈 엔진을 이용한 발전 시스템을 개발. 이 증기 터빈 발전의 구조가 현재까지 사용되고 있다

보일러

냉각탑

석탄 화력

발전기

고압 증기가 들어와서

원자력 발전도 결국 증기로 터빈을 돌리는 구조는 같다

2만 5,000
볼트로 송전된다

증기가 날개를 회전시킨다

배기

현재의 증기 터빈 발전기

여기서 송전 손실이 일어난다

변압기
11만 볼트까지 전압을 올려서 송전

변압기

일반적인 전동 모터의 구조

일반 가정에는 100볼트로

공장에는 200볼트로 배전된다

1902년에 전기 기관차 탄생

이탈리아의 발텔리나 철도에서 세계 최초로 전기 기관차가 시속 70km로 달렸다

전기를 실용화한 엔진

위에서 나타냈듯이 19세기 후반부터 20세기 초반에 걸쳐 전기와 관련된 발명이 잇따랐다. 그중에서도 전기의 실용화에 공헌한 사람이 미국의 발명가 에디슨이다.

1878년에 영국의 발명가 스완이 전구를 발명하자, 에디슨은 개량하고 또 개량해서 1879년에 40시간 이상 빛을 발하는 전구를 발명했다. 1882년에는 에디슨 전등 회사를 세우고 뉴욕과 런던에 세계 최초로 중앙 집중형 화력 발전소를 만들어서 가정이나 사업소로 전기를 보냈다.

1884년에는 영국의 기술자 파슨스가 발전용 증기 터빈을 발명했다. 석탄을 태우고 물을 가열해 증기를 발생하게 한 다음, 증기의 힘으로 터빈(회전식 원동기)을 돌려서 전기를 발생하는 장치다. 이 구조는 현재에도 변함이 없다. 석탄을 쓰는 화력 발전뿐만 아니라 원자력 발전도 에너지원만 다를 뿐이지 실제로는 증기 터빈을 돌리는 것이다.

고작 100년 만에 산업계를 석권한 새로운 에너지원, 석유

1859년 타이터스빌에 있는 첫 유전에서 석유가 분출했다

에드윈 드레이크

(1819~1880년)

타이터스빌의 투자가에게 석유 채굴을 의뢰받고 암염 채굴 방법으로 우물을 파서 석유 광상을 찾아냈다

1856년

이그나치 루카시에비치 (1822~1882년)

폴란드의 과학자. 1856년에 석유에서 등유로 증류하는 법을 발견하여 석유 산업의 기초를 만들었다

1870　1875　1883　1888　1893

고래기름 램프 → 석유램프로

존 데이비슨 록펠러
'스탠더드 오일'을 설립

노벨 형제
로버트 노벨 / 알프레드 노벨
제정 러시아의 바쿠에서 석유 사업을 시작했다

알폰스 로스차일드
'카스피해·흑해 석유 회사'를 설립

카를 벤츠
가솔린(휘발유) 엔진의 삼륜차를 개발

루돌프 디젤
디젤 엔진을 발명

내연 기관의 시대

인류의 네 번째 에너지 전환, 석탄 → 석유

자세한 내용은 42~43쪽으로

미국에서 시작된 석유 개발

1859년 미국의 펜실베이니아주 타이터스빌에서 지하에 잠들어 있던 석유가 채굴되었다. 채굴에 성공한 드레이크는 '세계에서 처음으로 석유를 발굴한 남자'로서 역사에 이름을 새기게 되었다.

석유는 수억 년 전의 플랑크톤 같은 유해가 땅속에 퇴적된 것으로 추측된다. 석유의 존재는 고대부터 알려졌고, 19세기 후반에는 고래기름 대신 등불의 연료로 사용되었다. 드레이크가 기계를 사용하여 대규모 유전 개발에 성공하게 되면서 석유램프가 일반 사람들에게도 보급되었고 석유의 수요가 높아졌다. 이를 눈여겨보던 실업가 존 데이비슨 록펠러는 1870년에 '스탠더드 오일'을 설립하고 미국 각지에서 석유를 채굴했다. 같은 시기에 러시아의 바쿠 지방에서도 석유가 채굴되자, 후에 노벨상을 창립하는 스웨덴의 공업 기술자 노벨과 프랑스의 재벌 로스차일드 가문이 석유 사업에 뛰어들어 유럽에 석유를 가져오게 되었다.

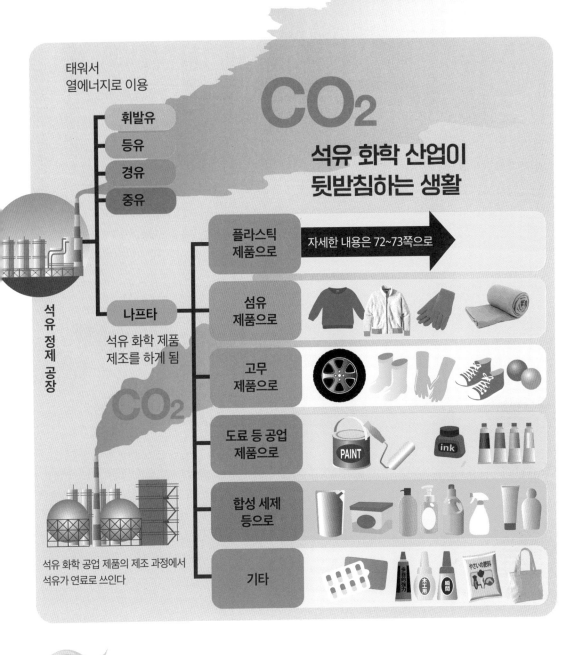

태워서
열에너지로 이용

휘발유

등유

경유

중유

CO2

석유 화학 산업이
뒷받침하는 생활

석유 정제 공장

플라스틱
제품으로

자세한 내용은 72~73쪽으로

나프타

석유 화학 제품
제조를 하게 됨

섬유
제품으로

고무
제품으로

CO2

도료 등 공업
제품으로

PAINT

ink

합성 세제
등으로

석유 화학 공업 제품의 제조 과정에서
석유가 연료로 쓰인다

기타

석탄에서 석유의 시대로

처음에는 오로지 석유램프용으로만 사용되던 석유는 19세기 말에 연료로 석유를 사용하는 내연 기관(42~43쪽), 가솔린(휘발유) 엔진, 디젤 엔진이 등장하자 동력으로서도 사용하게 되었다. 제1차 세계 대전(1914~1918년)에서는 석유를 연료로 한 전차나 전투기, 군함 등이 등장하여 석유의 수요가 급속하게 높아졌다.

석탄에서 석유로, 인류는 네 번째 에너지 전환을 맞이했다. 제2차 세계 대전(1939~1945년) 후에 석유 관련 산업은 세계의 기간산업으로까지 발전했다. 위의 그림에서 나타냈듯이 석유를 정제하면 휘발유, 등유, 나프타 등의 석유 제품을 얻을 수 있고, 나프타는 플라스틱을 비롯한 온갖 화학 제품을 만드는 데 쓰인다. 이제는 생활에 없어서는 안 될 석유는 석탄과 같은 화석 연료이며 대량 소비가 이루어져 엄청난 이산화탄소를 배출한다.

내연 기관이 등장하면서 석유에 의존하는 자동차 사회가 도래하다

1877년 니콜라우스 오토가 내연 기관의 특허를 취득했다

니콜라우스 오토 (1832~1891년) 독일의 기술자
피스톤을 밀폐된 공간에서 작동하여 연료를 연소하는 내연 기관을 발명. 이 시스템은 사사이클 기관이라고 불린다

1908년 T형 포드 생산 시작

헨리 포드는 그때까지 장인이 손으로 만들었던 자동차 생산 방식에서 부품을 별도 생산하고 컨베이어 작업으로 조립해서 제조하는 현대의 대량 생산 방식을 확립했다.

1 흡입
공기와 연료가 실린더에 빨려 들어간다

2 압축
공기와 연료가 압축된다

3 폭발
스파크 플러그로 연료에 점화된다

4 배기
연소 가스를 밖으로 내보낸다

피스톤

크랭크축

크랭크축이 돌면서 피스톤을 위로 밀어 올린다

크랭크축이 회전하면서 피스톤이 아래로 눌린다

헨리 포드
(1863~1947년)
미국의 기술자·기업가

자동차 회사 포드 모터의 창업자

이 내연 기관을 사용한 자동차가 근대 산업 외부 불경제의 전형이다

여기에 드는 비용은 원래 자동차를 생산하고 휘발유를 판매하는 등 자동차를 이용해서 이익을 얻는 사람들이 부담해야 하는 것이었다

1 석유 발굴부터 휘발유 정제까지 하면서 환경을 오염시켰다

2 자동차 생산을 위해 자원을 소비하고 환경을 더럽혔다

3 자동차가 달릴 수 있는 도로를 만들었다

엔진이 탄생하고 자동차 사회로 급변

19세기 말에 실용화된 내연 기관은 석유 시대에 불을 붙이는 역할을 했다. 내연 기관이란 연료를 내부에서 태우고, 그 열에너지를 직접 동력으로 바꾸는 장치를 말한다. 그와 반대로 연료를 외부에서 태우고 열에너지를 다른 형태로 해서 동력으로 바꾸는 장치를 외연 기관이라고 한다. 실제로 피스톤을 움직이는 것은 증기인데, 증기를 얻기 위해 외부에서 석탄을 태운다. 그 때문에 열에너지의 90%는 소용이 없어져서 열효율이 떨어진다는 결점이 있었다.

증기 기관 대신 내연 기관이 개발되면서 그 당시 여명기였던 자동차의 발달을 부추기게 되었다. 독일의 기술자 니콜라우스 오토는 휘발유를 연료로 하는 내연 기관인 사사이클 기관을 개발해서 1877년에 특허를 취득했다. 이것이 현재에도 사용되는 자동차 엔진의 본바탕이다. 1893년에는 독일의 기계 기술자 루돌프 디젤이 휘발유보다 저렴한 경유를 연료로 하는 디젤 엔진을 개발

1893년 루돌프 디젤이 제2의 내연 기관 디젤 엔진을 개발했다

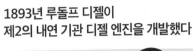

루돌프 디젤
(1858~1913년)
독일의 기계 기술자

증기 기관 개발을 거쳐 열역학의 이론가로서 특유의 효율적인 석유 내연 기관을 개발했다. 이를 디젤 엔진이라고 불렀다

1 흡입

흡기 밸브
(인테이크 밸브)
공기

배기 밸브
(이그조스트 밸브)

실린더 ── 피스톤

크랭크축

2 압축

3 폭발

4 배기

단순하고 강력한 디젤 엔진은 대형 엔진의 산업용 동력이 되었다

석유 자동차　　　대형 트럭　　　중기

1918년 미국의 제너럴일렉트릭이 가스 터빈 엔진을 생산하기 시작하다

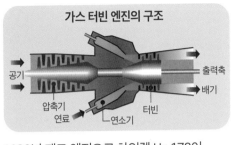

가스 터빈 엔진의 구조

공기　　　　　　　　　　출력축

압축기　　　　　　　　　배기
연료　　　연소기　　터빈

1939년 제트 엔진으로 하인켈 He 1780이 비행했다

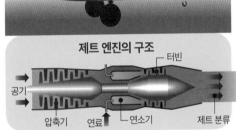

제트 엔진의 구조

터빈

공기

압축기　연료　└ 연소기　　　제트 분류

이것도 지구 온난화로 한계에 달했다

자세한 내용은 76~77쪽으로

4 자동차가 고속으로 달리기 위한 도로 정비, 고속도로 건설, 교통 시스템 정비를 했다

5 배기가스 때문에 생긴 대기 오염의 공해 대책이 필요하다

6 교통사고 때문에 인적 경제적 피해가 발생한다

했다. 이것은 나중에 디젤 기관차나 트럭 등에 사용하게 되었다.

한계를 맞이한 화석 연료의 시대

1908년 미국에서 보급용으로 T형 포드가 나오면서 자동차가 단숨에 대중화되었다. 또한 항공용 엔진이 개발되면서 군용기부터 수송기, 그리고 여객기가 하늘을 날게 되었다. 많은 사람들이 차나 비행기를 이용하게 되었고, 연료인 석유의 수요가 높아졌다. 그리고 석유 시대를 맞이한 20세기 후반부터 이산화탄소의 배출량도 급증하게 되었다. 인류는 효율이 좋은 에너지를 찾아 생활을 향상시켜 왔다. 그러나 화석 연료를 태우고, 그 때문에 생기는 전력이나 공업 제품에 의존한 생활이 지구 온난화라는 외부 불경제(76~77쪽)를 초래하고 있다. 이산화탄소를 배출하는 에너지에서 청정한 에너지로, 인류에겐 지금 다섯 번째 에너지 전환이 시급하다.

3부

탄소 중립으로 가기 위한 노력

1장

탄소 중립 사회를 실현하기 위해 세계가 해야 할 일

화석 연료에서 차세대 에너지로

2050년까지 이산화탄소 배출량을 실질적 제로로 만들고 탄소 중립 사회를 이루기 위

세계는 앞으로 얼마나 많은 이산화탄소를 줄여야 할까?

세계가 배출하고 있는 이산화탄소는

약 **335**억 **1,325**만 톤

(2018년)

자료: GLOBAL NOTE
출처: IEA

한국이 줄여야 하는 양은 이 가운데

7억 **2,700**만 톤

(2018년)

자료: 2020년 국가 온실가스 인벤토리 보고서
출처: 온실가스 종합 정보 센터

에너지 산업
주로 발전(發電)에서
40.1%
약 4억 5,620만 톤

다양한 산업에서
25%
약 2억 8,480만 톤

수송, 자동차에서
17.8%
약 2억 270만 톤

가정에서
4.6%
약 5,220만 톤

기타
12.5%
약 1억 4,200만 톤

이 이산화탄소는
어디서 나오고 있을까?

해서는 어떻게 해야 할까? 일본의 예를 아래 그림으로 나타냈다.

국제 에너지 기구(IEA)에 따르면, 2018년의 전 세계 이산화탄소 배출량은 약 335억 톤이다. 그 중 한국의 배출량은 7억 2,700만 톤이다. 부문별로 살펴보면, 발전을 중심으로 한 에너지 산업을 필두로 제철, 시멘트, 화학 공업 등의 산업 부문, 트럭, 자동차, 비행기 등의 수송 부문, 그리고 우리 가정에서도 대량의 이산화탄소가 배출되고 있다. 이것들을 앞으로 약 30년 동안 삭감하려면 각 부문에서 화석 연료 이용을 줄이고 이산화탄소를 배출하지 않는 에너지원으로 바꿔야 한다. 차세대 에너지의 중심이 되는 것은 태양광, 풍력, 수력, 지열, 조력 등 자연환경에서 얻을 수 있는 재생 에너지다. 또한 수소에서 얻을 수 있는 수소 에너지에도 기대가 모이고 있다. 각 에너지에 대해서는 48쪽부터 자세히 살펴보겠다.

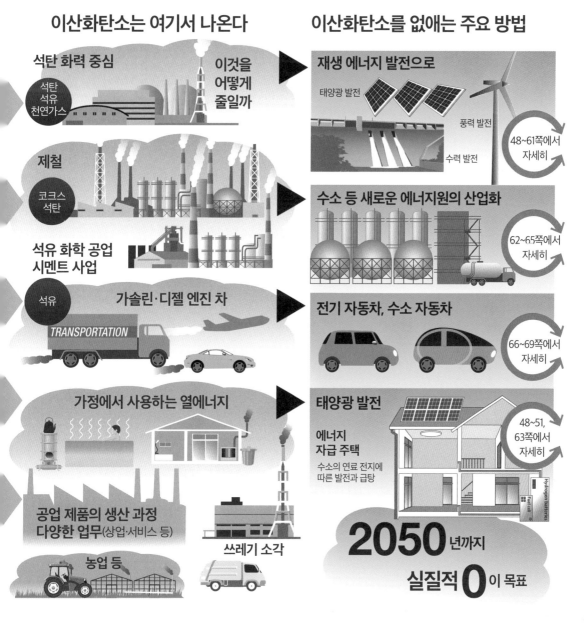

이산화탄소는 여기서 나온다

석탄 화력 중심

석탄
석유
천연가스

이것을 어떻게 줄일까

제철

코크스
석탄

**석유 화학 공업
시멘트 사업**

석유

가솔린·디젤 엔진 차

TRANSPORTATION

가정에서 사용하는 열에너지

**공업 제품의 생산 과정
다양한 업무**(상업·서비스 등)

농업 등

쓰레기 소각

이산화탄소를 없애는 주요 방법

재생 에너지 발전으로

태양광 발전

풍력 발전

수력 발전

48~61쪽에서 자세히

수소 등 새로운 에너지원의 산업화

62~65쪽에서 자세히

전기 자동차, 수소 자동차

66~69쪽에서 자세히

태양광 발전

에너지
자급 주택

수소의 연료 전지에
따른 발전과 급탕

48~51,
63쪽에서
자세히

Hydrogen batteries

Fuel cell

2050년까지

실질적 0이 목표

3부

탄소 중립으로 가기 위한 노력

2장

세계의 전기는 아직 60% 이상이 화석 연료로 만들어진다

화력 발전에 의존하는 세계의 전기

현재 우리 생활에 전기는 없어서는 안 될 존재다. 발전 방법으로는 화력, 수력, 원자력, 태양광 등이 있는데, 이 중 화력 발전은 화석 연료(석탄, 석유, 천연가스)를 태우기 때문에 이산화탄소의 주요 발생원이다. 그 때문에 화력 발전에서 벗어나기를 바라고 있는데, 세계 전체에서는 발전 전체의 36.4%가 석탄, 23.3%가 천연가스, 3.1%가 석유, 모두 합쳐 60% 이상이 화석 연료를 이용한 화력 발전에 의존하고 있어서 이를 바꾸기란 쉬운 일이 아니다.

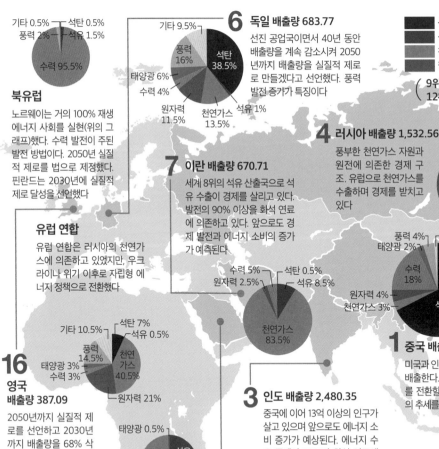

범례

석탄	수력
석유	태양광
천연가스	풍력
원자력	기타

북유럽

기타 0.5% / 석탄 0.5% / 풍력 2% / 석유 1.5% / 수력 95.5%

노르웨이는 거의 100% 재생 에너지 사회를 실현(위의 그래프)했다. 수력 발전이 주된 발전 방법이다. 2050년 실질적 제로를 법으로 제정했다. 핀란드는 2030년에 실질적 제로 달성을 선언했다

유럽 연합

유럽 연합은 러시아의 천연가스에 의존하고 있었지만, 우크라이나 위기 이후로 자립형 에너지 정책으로 전환했다

6 독일 배출량 683.77

기타 9.5% / 풍력 16% / 석탄 38.5% / 태양광 6% / 수력 4% / 원자력 11.5% / 천연가스 13.5% / 석유 1%

선진 공업국이면서 40년 동안 배출량을 계속 감소시켜 2050년까지 배출량을 실질적 제로로 만들겠다고 선언했다. 풍력 발전 증가가 특징이다

(9위 / 인도네시아, 12위 / 남아프리카는 생략)

7 이란 배출량 670.71

세계 8위의 석유 산출국으로 석유 수출이 경제를 살리고 있다. 발전의 90% 이상을 화석 연료에 의존하고 있다. 앞으로도 경제 발전과 에너지 소비의 증가가 예측된다

수력 5% / 원자력 2.5% / 석탄 0.5% / 석유 8.5% / 천연가스 83.5%

4 러시아 배출량 1,532.56

풍부한 천연가스 자원과 원전에 의존한 경제 구조. 유럽으로 천연가스를 수출하며 경제를 받치고 있다

수력 17% / 석탄 16% / 석유 1% / 원자력 19% / 천연가스 47%

1 중국 배출량 9,825.80

풍력 4% / 기타 1% / 태양광 2% / 수력 18% / 원자력 4% / 천연가스 3% / 석탄 68%

미국과 인도의 것을 합친 배출량을 배출한다. 중국이 석탄 의존 경제를 전환할 수 있는지 여부가 세계의 추세를 정한다

16 영국 배출량 387.09

기타 10.5% / 석탄 7% / 석유 0.5% / 풍력 14.5% / 천연가스 40.5% / 태양광 3% / 수력 3% / 원자력 21%

2050년까지 실질적 제로를 선언하고 2030년까지 배출량을 68% 삭감하겠다고 표명했다. 특히 해상 풍력 발전에 기대하고 있다

3 인도 배출량 2,480.35

중국에 이어 13억 이상의 인구가 살고 있으며 앞으로도 에너지 소비 증가가 예상된다. 에너지 수요 중에서 80%가 화석 연료에 기대는 구조를 바꾸려면 강력한 정치 지도력이 필요하다

풍력 3% / 태양광 2% / 수력 9% / 원자력 3% / 천연가스 4.5% / 석유 1.5% / 기타 3% / 석탄 74%

10 사우디아라비아 배출량 579.92

태양광 0.5% / 천연가스 63.5% / 석유 36%

세계 제2위의 산유국이며 경제를 화석 연료에 의존한다. 발전도 거의 100% 석유와 천연가스를 사용. 배출 가스 저장으로 과제를 극복하려 하고 있다

15 호주 배출량 428.25

풍력 5% / 기타 1.5% / 태양광 3% / 수력 6.5% / 천연가스 19.5% / 석탄 68% / 석유 2%

석탄 자원이 풍부하기 때문에 발전의 80% 이상을 석탄과 천연가스에 의존하고 있다. 재생 에너지 도입도 저조하다

※ 각국의 배출량은 2019년 BP 조사를 참조했다. 단위는 백만 톤이며 나라 앞의 숫자는 배출량 순위를 나타낸다.

에너지 전환이 시급한 나라들

아래의 원그래프에는 이산화탄소 배출량이 많은 나라들이 전기 에너지를 어디서 얻는지, 그 구성을 나타냈다. 유럽에서는 북유럽 여러 나라를 필두로 재생 에너지의 도입이 이루어지고 있다. 또한 수자원이 풍부한 캐나다나 브라질에서는 수력 발전이 주된 발전 방법이다.

그러나 이들 재생 에너지 선진국은 소수이고, 대부분의 나라들은 화석 연료에 의존하고 있다. 특히 자국에서 화석 연료를 생산하는 중국, 미국, 인도, 러시아, 중동의 나라들과 호주 등은 화석 연료가 뒷받침하는 경제 구조를 바꾸어야 한다는 큰 과제를 떠안고 있다. 그중에서도 인구수로 세계 1위를 다투는 중국과 인도는 앞으로도 경제 성장과 에너지 수요가 증가할 것으로 예측되기 때문에 빠른 에너지 전환을 바라고 있다. 한편 자원을 가지지 못하면서 수입 에너지에 의존하는 한국과 일본 등 아시아 여러 나라는 각자 에너지원을 개발할 필요성이 높아지고 있다.

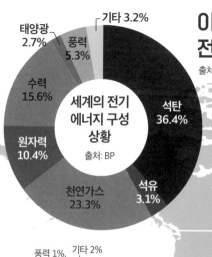

세계의 전기 에너지 구성 상황
출처: BP

기타 3.2%
풍력 5.3%
태양광 2.7%
수력 15.6%
원자력 10.4%
천연가스 23.3%
석유 3.1%
석탄 36.4%

이산화탄소 배출량 상위 나라들은 2050년까지 전환해야 할 에너지가 이만큼 있다

출처: IEA의 '2019년 세계 주요 에너지 통계'

11 캐나다 배출량 556.19

광활한 국토와 한랭지인 탓에 1인당 에너지 소비가 세계 최고 수준이다. 그 대부분을 수력 발전으로 공급한다

기타 1%
풍력 4.5%
태양광 0.5%
석탄 9%
석유 1%
천연가스 9%
원자력 15.5%
수력 59.5%

2 미국 배출량 4,964.69

지구 온난화에 회의적이었던 정권이 바뀌면서 앞으로 재생 에너지를 추진하는 정책이 기대된다. 지금까지는 주나 기업 단위로 독자적인 기후 정책을 실시했다. 그러나 풍부한 석탄과 석유 자원에 의존하는 지역도 많아서 고용을 포함한 정책도 반드시 필요하다

풍력 6%
기타 2%
태양광 2%
수력 8%
원자력 19%
천연가스 31%
석탄 31%
석유 1%

5 일본 배출량 1,123.12

2050년까지 실질적 제로를 선언. 석탄 화력으로 치우친 전력 구조를 어떻게 전환할까. 국책으로서 수소 에너지를 사회에 집어넣는 문제도 동시에 생긴다

풍력 1%
기타 2%
태양광 5.5%
수력 8%
원자력 3%
천연가스 37%
석탄 33%
석유 6.5%

13 멕시코 배출량 454.97

전력의 80% 이상을 화석 연료에 의존하는 구조를 손보고 탄소세를 도입하여 재생 에너지 조달을 의무화하는 등 종합적인 정책을 추진하고 있다

8 한국 배출량 638.61

풍력 0.5%
태양광 1%
수력 1%
기타 2%
원자력 26%
천연가스 22.5%
석탄 45%
석유 2%

서울은 세계 최대의 배출 도시이다. 발전의 약 70%가 화석 연료를 이용한다

기타 0.8%
풍력 3%
태양광 0.2%
지열 2%
수력 10%
원자력 3.5%
석탄 9.5%
석유 12%
천연가스 59%

14 브라질 배출량 441.30

아마존의 풍부한 수자원이 뒷받침하는 수력 발전이 60%를 넘고, 바이오매스 발전을 더해서 70%가 재생 에너지다

석탄 4%
석유 3%
기타 9%
풍력 7%
천연가스 11%
태양광 0.1%
원자력 3%
수력 62.9%

가장 유력한 재생 에너지, 태양광 발전의 기초 지식

가장 친근한 자연 에너지

재생 에너지는 화석 연료와 달리 고갈될 일이 없고 발전을 할 때 이산화탄소가 발생하는 일도 없다. 대표 주자는 태양 에너지다. 태양이 가져다주는 열과 빛 에너지는 가장 오랜 옛날부터 인류가 은혜를 입어 온 자연 에너지이기도 하다. 지구가 받는 태양 에너지는 초속 42조kcal나 되는데, 그것을 전부 효율적으로 사용하면 고작 한 시간 만에 세계의 연간 에너지 소비를 충당할 수 있을 정도다. 이 태양광을 이용해서 전기를 만드는 것이 태양광 발전이다.

태양이 우주에 방출하는 에너지는 1초에

$$9 \text{조kcal} \times 10^{10}$$

태양광

이 에너지를
전기로 바꾼다

지구가 받는
에너지는
1초 동안

42조kcal

한 시간에 세계의
연간 에너지 소비를
충당할 수 있는 양과 같다!
석유로 환산하면

100억 톤이나 된다

태양광 발전의 구조

물질에 빛 에너지가 닿으면 내부에서
전자가 튀어나오는 현상이다

빛 → 물질 → 전자

이를 '광전 효과'라고 한다

1905년에 아인슈타인이 이
현상을 두고, 빛은 알갱이라
는 '광양자 가설'로 설명하여
1921년에 노벨상을 받았다

**태양광 발전은
이 현상을 이용한
발전 방법**

빛 → ? → 전자 / 전자 / 전자

태양광 발전 연구는
더 효율적으로 전자를 방출하는
물질을 탐구하는 것이었다

태양광 발전의 구조

태양광 발전은 태양 전지를 사용해서 태양광을 직접 전기로 변환하는 발전법이다. 현재 주류가 된 태양 전지는 성질이 다른 실리콘 반도체 N형과 p형을 서로 붙인 것이다. 태양광이 닿으면 '광전 효과'라고 해서 빛 에너지 때문에 물질에서 전자가 튀어나오는 현상이 일어난다. 그 결과, 튀어나온 전자(−)는 N형으로, 반대로 정공(+)은 P형으로 모여서 전선을 연결하면 전류가 발생하는 구조다.

태양 전지의 최소 단위를 '셀'이라고 하는데, 그 셀을 많이 이어서 만든 것이 흔히 볼 수 있는 '태양 전지 패널', 또는 '태양 전지 모듈'이라 불리는 것이다. 최근에는 태양 전지 패널을 지붕에 설치해서 집안의 전기나 뜨거운 물을 공급하는 주택도 늘고 있다. 이처럼 대규모 설비가 없어도 해가 닿는 곳이라면 어디에서든 이용할 수 있는 태양광 발전은 가장 친근한 재생 에너지라고 할 수 있다.

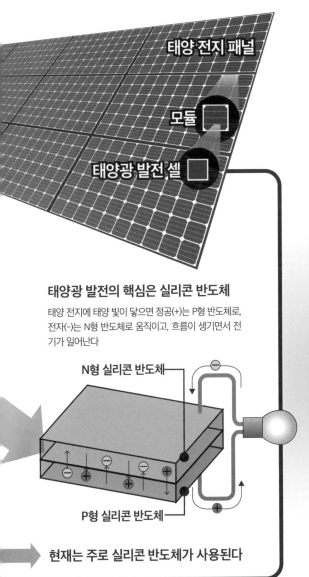

태양 전지 패널

모듈

태양광 발전 셀

태양광 발전의 핵심은 실리콘 반도체

태양 전지에 태양 빛이 닿으면 정공(+)는 P형 반도체로, 전자(−)는 N형 반도체로 움직이고, 흐름이 생기면서 전기가 일어난다

N형 실리콘 반도체

P형 실리콘 반도체

현재는 주로 실리콘 반도체가 사용된다

현재 태양광 발전의 효율은?

빛 에너지 → 변환 효율 15~20% → 전기 에너지

만약 고비 사막을 태양 전지 패널로 채우면?

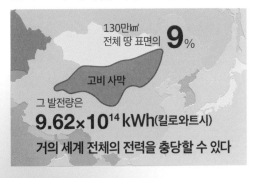

130만km² 전체 땅 표면의 **9**%

고비 사막

그 발전량은 9.62×10^{14} kWh(킬로와트시)

거의 세계 전체의 전력을 충당할 수 있다

태양열을 이용해 난방비를 크게 줄이는 집을 지을 수도 있다

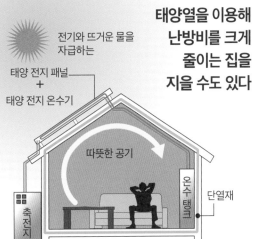

전기와 뜨거운 물을 자급하는

태양 전지 패널 + 태양 전지 온수기

따뜻한 공기

축전지

온수 탱크

단열재

급속히 확대되는 태양광 시장에서 돌진하는 중국 제조사

발전 차액 지원 제도(Feed In Tariff, FIT)가 추진한 태양광 발전

태양 전지는 1950년대에 개발되었지만, 태양광 발전이 급속도로 보급되기 시작한 것은 2010년 대에 들어서다. 그 전부터 화석 연료를 대체할 에너지원으로 기대를 모았는데, 설비나 유지 비용이 꽤 비싸서 보급하지 못했다. 또한 태양 전지는 전지라는 이름이 붙어 있기는 하지만 축전하는 기능은 없어서 남은 전기는 쓸모가 없어진다는 결점도 있었다.

이러한 상황을 각국에서 도입한 발전 차액 지원 제도가 바꿨다. 발전 차액 지원 제도는 태양광

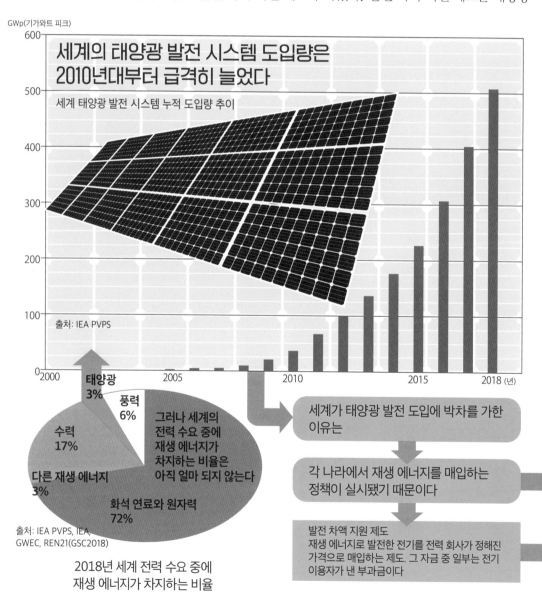

GWp(기가와트 피크)

세계의 태양광 발전 시스템 도입량은 2010년대부터 급격히 늘었다

세계 태양광 발전 시스템 누적 도입량 추이

출처: IEA PVPS

태양광
3%

풍력
6%

수력
17%

다른 재생 에너지
3%

화석 연료와 원자력
72%

그러나 세계의 전력 수요 중에 재생 에너지가 차지하는 비율은 아직 얼마 되지 않는다

출처: IEA PVPS, IEA, GWEC, REN21(GSC2018)

2018년 세계 전력 수요 중에 재생 에너지가 차지하는 비율

세계가 태양광 발전 도입에 박차를 가한 이유는

각 나라에서 재생 에너지를 매입하는 정책이 실시됐기 때문이다

발전 차액 지원 제도
재생 에너지로 발전한 전기를 전력 회사가 정해진 가격으로 매입하는 제도. 그 자금 중 일부는 전기 이용자가 낸 부과금이다

뿐 아니라 재생 에너지로 발전된 전기를 전력 회사가 일정 기간 동안 나라가 정한 가격으로 매입하도록 의무화한 지원 제도다. 이 제도 덕분에 재생 에너지 선진국인 독일을 필두로 태양광 발전을 도입하는 나라가 늘었고, 발전 비용이 저렴해졌다. 우리나라는 2002년부터 발전 차액 지원 제도를 시행했고, 일본의 경우는 2012년에 시행했다. 일본은 세계 3위의 태양광 발전 보급량을 자랑하지만 다른 나라에 비해 발전 비용이 아직 많이 비싼 편이다.

세계 최대의 태양광 시장, 중국

현재 태양광 발전이 가장 급속도로 퍼지고 있는 곳은 경제 발전이 눈부셔서 전력 수요가 늘고 있는 동아시아의 나라들이다. 특히 중국은 화력 발전 대신 쓸 수 있는 에너지로 태양광 발전에 힘을 쏟고 있어 도입량은 이제 세계에서 가장 많다. 태양 전지 패널 생산도 한때는 일본 제조사가 세계의 선두를 달렸지만, 지금은 값이 싼 중국 제품이 세계 시장의 63%를 차지하고 있다.

세계 태양광 발전 시스템 도입 상위 10개국(2019년)

2019년 태양광 발전 시스템 누적 도입량

국가	누적 도입량
중국	204.7GW
미국	75.9GW
일본	63GW
독일	49.2GW
인도	42.8GW
이탈리아	20.8GW
호주	14.6GW
영국	13.3GW
한국	11.2GW
프랑스	9.9GW
세계 총	627GW

출처: IEA PVPS

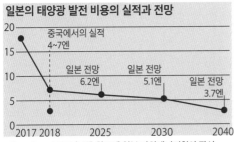

이 때문에 사업이 점점 거대해지고 발전 비용이 눈에 띄게 낮아졌다

일본의 태양광 발전 비용의 실적과 전망

중국에서의 실적 4~7엔
일본 전망 6.2엔
일본 전망 5.1엔
일본 전망 3.7엔
2017 2018 2025 2030 2040

* Bloomberg NEF 자료를 참고해 일본 자원에너지청이 작성

태양광 발전 시스템의 핵심인 태양 전지 패널 기업도 중국이 선두

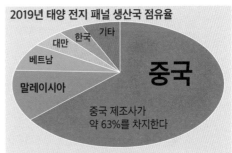

2019년 태양 전지 패널 생산국 점유율

대만 / 한국 / 기타
베트남
말레이시아
중국
중국 제조사가 약 63%를 차지한다

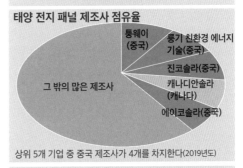

태양 전지 패널 제조사 점유율

통웨이(중국)
룽기 친환경 에너지 기술(중국)
진코솔라(중국)
캐나디안솔라(캐나다)
에이코솔라(중국)
그 밖의 많은 제조사

상위 5개 기업 중 중국 제조사가 4개를 차지한다(2019년도)

여전히 비싼 일본의 도입 비용
일본과 유럽의 태양광 발전(비주택) 시스템 비용 비교

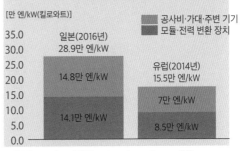

[만 엔/kW(킬로와트)]
■ 공사비·가대·주변 기기
■ 모듈·전력 변환 장치

일본(2016년) 28.9만 엔/kW
14.8만 엔/kW
14.1만 엔/kW

유럽(2014년) 15.5만 엔/kW
7만 엔/kW
8.5만 엔/kW

* 일본은 FIT 연보, 유럽은 JRC PV Status Report에서 참고해 일본 자원에너지청이 작성

풍차로 전기를 일으키는 풍력 발전, 앞으로는 해상 풍력을 기대

풍력을 회전력으로 바꿔 전력으로 변환

전 세계에서 태양광 발전보다 2배 가까운 전력을 공급하고 있는 것이 바로 풍력 발전이다.

현재 주류가 된 풍력 발전기는 세 장의 블레이드(날개), 거기에 붙어 있는 나셀(기계실), 그들을 받치는 타워(탑)로 구성되어 있다. 바람은 높은 곳에서 강하게 불기 때문에 타워의 높이는 50~100m나 된다. 풍력 발전이란 풍차의 힘을 빌려 바람 에너지를 회전력으로 바꾸고, 그 회전력을 이용해서 전기를 일으키는 발전 방식이다. 아래 그림은 나셀의 내부를 나타낸 것이다. 바람을

일반적인 풍력 발전 풍차의 구조

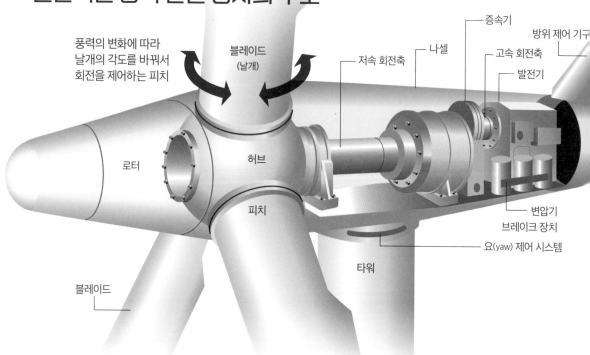

출처: Center on Globalization, Governance, and Competitiveness, Duke University

맞으면 날개가 돌아가면서 회전축도 같이 돌아간다. 이 회전의 속도를 증속기로 약 100배 빨리해서 발전기에 전해 준다. 그러면 발전기가 작동하여 전기가 발생하는 구조다.

풍력 발전을 이끄는 덴마크

19세기 후반 이후로 세계에서 풍력 발전에 가장 힘을 쏟고 지금의 풍력 발전기 기초를 다진 나라는 덴마크이다. 오른쪽 아래의 그래프에서 나타낸 것처럼 풍력 발전기의 세계 최대 점유율을 자랑하는 것도 덴마크 제조사다. 덴마크에서는 발전의 50% 가까이를 풍력으로 충당하기 때문에 시민이 협동해서 풍력 발전소를 소유하는 모습도 흔하다.

풍력 발전에는 바람만 있으면 태양광을 쓰지 못하는 야간에도 발전할 수 있다는 장점이 있다. 한편 경관이나 소음, 조류에 대한 영향을 배려해야 하기 때문에 설치 장소가 제한적이라는 단점이 있다. 그래서 육상보다는 바람이 강하게 불고 주위에 영향을 미치지 않는 해상 풍력 발전에 세계가 주목하고 있다.

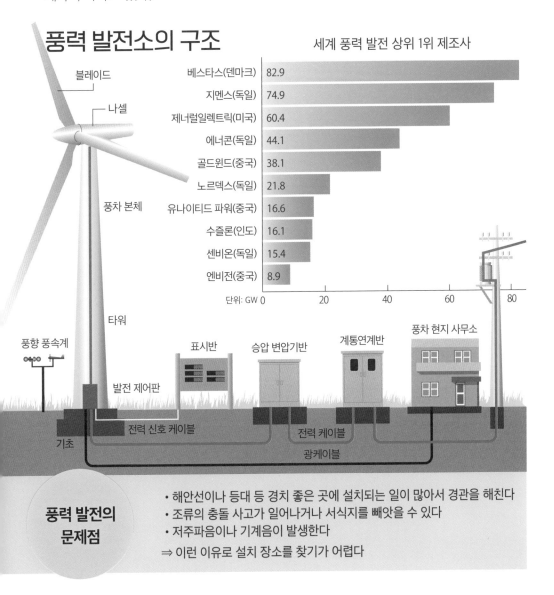

풍력 발전소의 구조

블레이드
나셀
풍차 본체
타워
발전 제어판
풍향 풍속계
표시반
승압 변압기반
계통연계반
풍차 현지 사무소
전력 신호 케이블
전력 케이블
광케이블
기초

세계 풍력 발전 상위 1위 제조사

제조사	GW
베스타스(덴마크)	82.9
지멘스(독일)	74.9
제너럴일렉트릭(미국)	60.4
에너콘(독일)	44.1
골드윈드(중국)	38.1
노르덱스(독일)	21.8
유나이티드 파워(중국)	16.6
수즐론(인도)	16.1
센비온(독일)	15.4
엔비전(중국)	8.9

단위: GW   0   20   40   60   80

풍력 발전의 문제점
- 해안선이나 등대 등 경치 좋은 곳에 설치되는 일이 많아서 경관을 해친다
- 조류의 충돌 사고가 일어나거나 서식지를 빼앗을 수 있다
- 저주파음이나 기계음이 발생한다
⇒ 이런 이유로 설치 장소를 찾기가 어렵다

3부
탄소 중립으로 가기 위한 노력
6장

풍력 이용 6,000년의 역사 위에 우뚝 선 풍력 발전의 미래

돛단배와 풍차에서 시작한 풍력 이용

인류는 약 6,000년 전부터 바람의 힘을 이용해 왔다. 풍력을 이용한 것으로는 돛에 바람을 받고 나아가는 돛단배가 가장 오래되었다. 고대 이집트 시대에 만들어진 돛단배는 점점 크기가 커졌고, 15~17세기 대항해 시대에는 유럽 여러 나라의 해상 진출을 도왔다. 풍차 또한 풍력을 이용한 것으로 아주 중요하다. 바람으로 날개바퀴를 돌려서 동력을 얻는다는 사실을 알아낸 인류는 곡물을 갈거나 물을 퍼 올리는 등 다양한 노동을 인력에서 풍력으로 전환했다. 13세기에 시작한 네덜

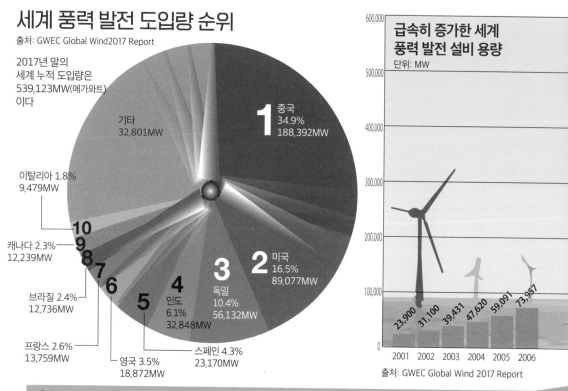

세계 풍력 발전 도입량 순위

출처: GWEC Global Wind2017 Report

2017년 말의 세계 누적 도입량은 539,123MW(메가와트)이다

기타 32,801MW

이탈리아 1.8% 9,479MW

캐나다 2.3% 12,239MW

브라질 2.4% 12,736MW

프랑스 2.6% 13,759MW

영국 3.5% 18,872MW

스페인 4.3% 23,170MW

5

4 인도 6.1% 32,848MW

3 독일 10.4% 56,132MW

2 미국 16.5% 89,077MW

1 중국 34.9% 188,392MW

10 **9** **8** **7** **6**

급속히 증가한 세계 풍력 발전 설비 용량

단위: MW

600,000
500,000
400,000
300,000
200,000
100,000
0

23,900 / 31,100 / 39,431 / 47,620 / 59,091 / 73,957

2001 2002 2003 2004 2005 2006

출처: GWEC Global Wind 2017 Report

인류에게는 풍력을 이용한 6,000년의 역사가 있다

기원전 4,000년 인류는 돛단배를 타고 드넓은 바다를 향해 노를 젓기 시작했다

폴리네시아의 쌍동선

8세기경부터 이슬람권에서 가루를 빻는 풍차가 활약했다

페르시아의 파네모네 풍차

13세기부터 네덜란드에서 풍차가 국토를 만들었다

15세기에 콜럼버스의 돛단배가 세계의 역사를 바꿨다

대영 제국의 돛단배 함대가 세계를 석권했다

란드의 간척 사업에서는 물을 퍼 올리는 동력으로 풍차가 크게 활약했다.

서양을 제치고 풍력까지 선도하는 중국

풍력 발전은 이 풍차의 구조를 응용해서 19세기 말부터 개발되어 왔다. 아래의 막대그래프에서 나타나듯이 세계의 풍력 발전 설비 용량(발전 설비에서 단위 시간당 최대 노동량)은 매년 늘어나고 있다. 지금까지는 서양의 여러 나라가 풍력 발전을 선도해 왔다. 특히 유럽은 편서풍의 영향을 받아 풍력을 얻기 쉽다는 점도 있어서 일찍이 풍력 발전에 힘썼고, 현재는 영국을 중심으로 바다 위에서 발전하는 해상 풍력에 주력하고 있다. 이렇게 서양이 중심이었던 풍력 발전에서 2015년에 갑자기 혜성처럼 나타난 나라가 바로 중국이다. 왼쪽 아래의 원그래프에서 볼 수 있듯이 지금은 세계의 풍력 발전 중에서 3분의 1을 차지하고 있다. 같은 아시아에서는 인도도 4위로 분발하고 있고, 일본은 19위로, 태양광 발전과 마찬가지로 기술이 있음에도 순위가 낮은 편이다.

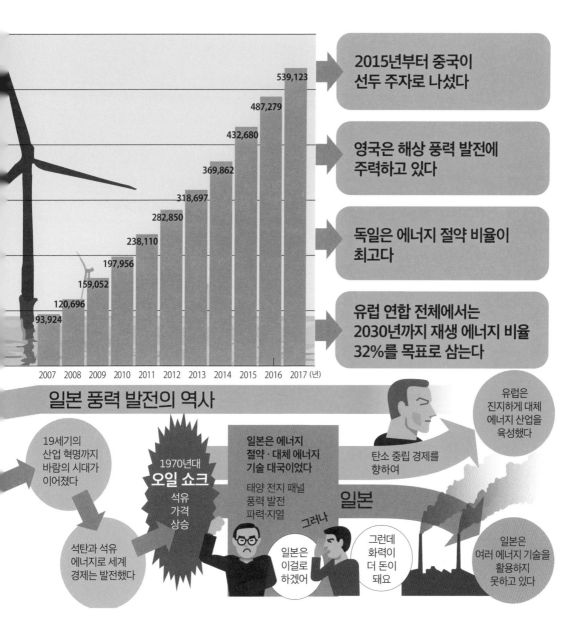

539,123　　2015년부터 중국이 선두 주자로 나섰다

487,279

432,680　　영국은 해상 풍력 발전에 주력하고 있다

369,862

318,697　　독일은 에너지 절약 비율이 최고다

282,850

238,110

197,956　　유럽 연합 전체에서는 2030년까지 재생 에너지 비율 32%를 목표로 삼는다

159,052

120,696

93,924

2007　2008　2009　2010　2011　2012　2013　2014　2015　2016　2017 (년)

일본 풍력 발전의 역사

19세기의 산업 혁명까지 바람의 시대가 이어졌다

석탄과 석유 에너지로 세계 경제는 발전했다

1970년대 **오일 쇼크** 석유 가격 상승

일본은 에너지 절약·대체 에너지 기술 대국이었다

태양 전지 패널
풍력 발전
파력·지열

그러나

일본은 이걸로 하겠어

그런데 화력이 더 돈이 돼요

유럽은 진지하게 대체 에너지 산업을 육성했다

탄소 중립 경제를 향하여

일본

일본은 여러 에너지 기술을 활용하지 못하고 있다

3부
탄소 중립으로 가기 위한 노력
7장

재생 에너지의 60%를 차지하는 수력 발전, 앞으로는 중소 수력에 기대

물의 흐름과 낙차로 전기를 일으키다

재생 에너지 중에서 가장 오래전부터 발전에 이용되어 세계 재생 에너지 전력 가운데 약 60%를 차지하는 것이 수력 발전이다. 수력 발전은 물이 높은 곳에서 낮은 곳으로 흐르는 에너지를 이용해 수차를 돌리고 그 회전력으로 전기를 일으키는 발전 방식이다. 온갖 발전 방식 중에 에너지 변환 효율이 가장 높아서 물 에너지 중에 80%를 전기 에너지로 변환할 수 있다. 수력 발전에는 오른쪽 아래 그림에 나타냈듯이 여러 가지 종류가 있다. 잘 알려진 것은 강에 댐을 설치해서 물을

한때 거대 댐 발전의 유행에 불을 붙인 미국의 후버 댐

발전 능력 208만kW

제1차 세계 대전 후에 찾아온 경제 공황을 극복하기 위해 콜로라도강 유역에서 열린 종합 개발 계획의 중심 댐. 1936년에 완성했다

이것이 성공하면서 세계적으로 잇따라 거대 댐이 건설되었다

애스원 하이 댐

발전 능력 208만kW

당시 이집트 나세르 대통령이 그토록 바란 나일강 범람 방지를 목적으로 건설한 거대 댐. 1970년에 완공해서 공업용 전력도 공급했다

이타이푸 댐

발전 능력 1,260만kW

브라질과 파라과이가 공동으로 투자하고 관리하는 다목적 댐. 1984년부터 발전을 시작해서 그 능력은 세계 2위다

발전 능력 2,250만kW

싼샤 댐
중국의 양쯔강을 막는 발전량 세계 1위의 거대 댐. 그러나 계획 단계부터 얼마나 센지에 대해 의문이 지적되고 있다

그러나 이런저런 이유로 현재는 거대 댐 건설의 문제점이 지적되고 있다

- 건설 시 자연 파괴
- 막대한 건설비와 부정부패 문제
- 주민의 퇴거 문제
- 메탄가스 발생

현재는 수자원을 재활용하는 소규모 수력 발전에 주목

2019년 세계의 전원 구성
합계 27,005TWh(테라와트시)

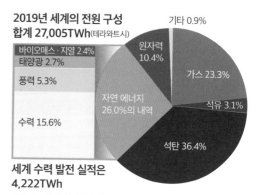

- 기타 0.9%
- 원자력 10.4%
- 가스 23.3%
- 석유 3.1%
- 석탄 36.4%
- 자연 에너지 26.0%의 내역
  - 바이오매스·지열 2.4%
  - 태양광 2.7%
  - 풍력 5.3%
  - 수력 15.6%

세계 수력 발전 실적은 4,222TWh

출처: BP 세계 에너지 통계 검토 2020 (2020년 6월)

100% 가까이 수력 발전으로 쓰고 있는 나라도 많다

파라과이 100%
이타이푸 댐과 자스레타 댐이라는 두 수력 발전소로 전력을 생산하여 국내에서 쓰는 것을 넘어 수출까지 한다

알바니아 99.9%
북부에 있는 수력 발전소 3개로 국내 전력의 90%를 발전한다

부탄 99.9%
히말라야의 높이를 활용한 수력 발전이 특징. 나라의 최대 수출품이 전력이다

네팔 98.85%
2022년에도 새로운 수력 발전소가 완성될 예정이며 앞으로는 인프라 정비가 과제가 될 전망이다

노르웨이 96.80%
아름답고 디자인이 뛰어나 관광지로도 쓰이는 수력 발전소가 있으며 다방면에서 선진적이다

타지키스탄 96.69%
수력 자원으로 둘러싸여 있지만 겨울에는 물이 부족해지는 등 개선의 여지가 있다

그 높은 가능성

저장하고 바로 아래로 떨어뜨려 발전하는 댐식이다. 물의 양을 조정할 수 있어서 홍수나 가뭄을 막는 역할도 하기 때문에 한때는 각 나라에서 거대한 댐이 잇따라 건설되기도 했다.

거대 댐에서 중소 수력의 시대로

그러나 대규모 댐 건설은 막대한 비용이 드는 데다가 자연환경이나 주변 주민들에게도 영향을 준다. 그래서 현재 중소 수력 발전이 주목을 모으고 있다.

수력 발전은 어느 정도 물이 흐르고 낙차가 있으면 대규모 설비가 없어도 가능하다. 중소 수력 은 물을 막지 않고 물의 흐름을 그대로 사용해서 흘려보내는 방식이 일반적인데, 하천이나 농업 용수, 상하수도, 기존 댐의 방류수 등을 효과적으로 쓸 수 있다.

유럽에서는 예로부터 풍차와 같은 원리로 수차를 이용하여 가루를 빻는 일이 성행했기 때문에 중소 수력 기술이 뛰어나 지역의 전력 공급에 공헌하고 있다. 수자원이 풍부한 일본에서도 기대 가 모이고 있는데, 수리권과 관련된 절차가 복잡해서 아직 과제가 남아 있다.

중소 규모 발전과 현재 수력 발전의 차이점

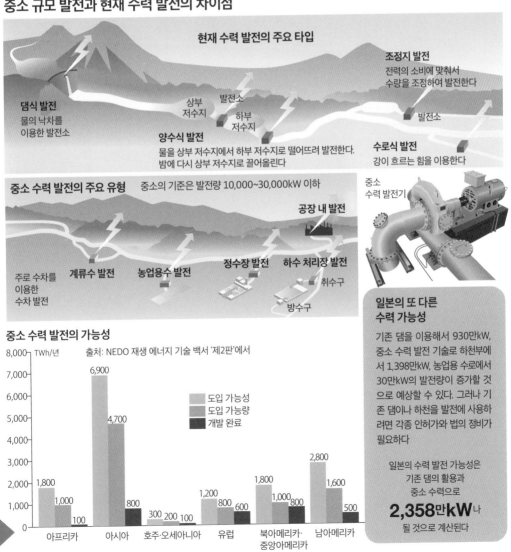

현재 수력 발전의 주요 타입

조정지 발전
전력의 소비에 맞춰서 수량을 조정하여 발전한다

댐식 발전
물의 낙차를 이용한 발전소

상부 저수지 / 발전소 / 하부 저수지

양수식 발전
물을 상부 저수지에서 하부 저수지로 떨어뜨려 발전한다. 밤에 다시 상부 저수지로 끌어올린다

발전소

수로식 발전
강이 흐르는 힘을 이용한다

중소 수력 발전의 주요 유형　중소의 기준은 발전량 10,000~30,000kW 이하

중소 수력 발전기

공장 내 발전

주로 수차를 이용한 수차 발전

계류수 발전　**농업용수 발전**　**정수장 발전**　**하수 처리장 발전**

취수구 / 방수구

일본의 또 다른 수력 가능성

기존 댐을 이용해서 930만kW, 중소 수력 발전 기술로 하천부에서 1,398만kW, 농업용 수로에서 30만kW의 발전량이 증가할 것으로 예상할 수 있다. 그러나 기존 댐이나 하천을 발전에 사용하려면 각종 인허가와 법의 정비가 필요하다

일본의 수력 발전 가능성은 기존 댐의 활용과 중소 수력으로

2,358만kW나
될 것으로 계산된다

중소 수력 발전의 가능성

출처: NEDO 재생 에너지 기술 백서 '제2판'에서

8,000 ┐ TWh/년

범례:
- 도입 가능성
- 도입 가능량
- 개발 완료

지역	도입 가능성	도입 가능량	개발 완료
아프리카	1,800	1,000	100
아시아	6,900	4,700	800
호주·오세아니아	300	200	100
유럽	1,200	800	600
북아메리카·중앙아메리카	1,800	1,000	800
남아메리카	2,800	1,600	500

3부

탄소 중립으로 가기 위한 노력

8장

방대한 해양 에너지를 이용하는 조력·파력 발전에 거는 기대

원심력 / 썰물 / 바닷물 / 달의 인력 / 지구 / 달 / 밀물 / 밀물 / 썰물

조력 발전

달이 지구에 미치는 인력과 지구가 회전하면서 일어나는 원심력으로 조수의 간만이 발생한다. 이때 바닷물이 움직이는 힘을 이용하는 발전은 자연 에너지의 우등생이라 할 수 있다

조력 발전에서는 영국이 앞서가고 있다
영국 웨일스 스완지 만 조력 발전소

밀물 때 바다 쪽 / 석호 / 해수면 상승 / 터빈 / 블레이드 / 바닷물의 흐름 / 썰물 때 바다 쪽 / 석호 / 해수면 하강 / 바닷물은 바다로 흘러들어 간다

8.5m 정도 조수 간만의 차이가 있는 스완지 만에서는 인공 석호를 건설하여 조력 발전을 한다. 밀물 때 석호에 고인 물을 썰물 때 바다로 내보내고 터빈을 돌려서 발전한다

영국 스코틀랜드 북해 조력 발전

아틀란티스 리소스
펜틀랜드 해협의 조류는 최대 초속 5m. 이 속도를 활용해서 발전한다. 또한 터빈을 해저에 설치하기 때문에 경관에 영향을 주지 않는다. 총 설비 용량은 6MW, 즉 6,000kW에 상당한다

한국도 앞서가고 있다
세계 최대의 시화호 조력 발전소

인공 호수 시화호는 조력 발전뿐만 아니라 수질 개선에도 공헌하고 있다. 설비 용량은 25.4MW에 상당한다

일본에서도 실증 실험이 시작됐다
구로시오에서 발생하는 세계 최초의 해류 발전

아직 연구 단계에 있긴 하지만, 해류 발전은 일본이 지형적으로 우위성을 갖고 연구 개발을 진행하고 있는 발전 방법이다. 초속 0.8~1.2m인 구로시오 해역에서 최대 출력이 30kW라는 실험 결과가 나와 있다. 그러나 구로시오 해역이 육지에서 떨어진 바다에 있다는 사실이나 흐르는 속도가 느리다는 점 때문에 높은 비용이나 송전 손실 등의 과제도 남아 있다

조수나 파도의 힘을 전기로 바꾸다

지구 표면의 약 70%는 바다로 덮여 있다. 이 바다가 가지는 방대한 에너지를 이용하는 발전이 큰 주목을 모으고 있다. 해양 에너지를 이용한 발전에는 조수의 흐름이나 간만의 차이를 이용하는 조력 발전, 파도의 상하 운동을 이용하는 파력 발전 등 다양한 방법이 있다. 물의 에너지를 사용해서 터빈을 돌리고 발전하는 원리는 기본적으로는 수력 발전과 같다.

한 예로 조수의 간만을 이용한 조력 발전을 살펴보자. 위의 그림에 나타냈듯이 지구는 자전하면서 달의 인력을 받는다. 그래서 달이 있는 쪽은 달이 끌어당기는 힘에 끌려가서 해면이 높아진다. 이것이 바로 밀물이라고 불리는 현상이다. 또한 달의 반대쪽은 지구의 자전 때문에 원심력이 강하게 작용해서 역시 밀물이 된다. 한편 달에서 봤을 때 직각 위치에 해당하는 장소에서는 해면이 가장 낮아지는 썰물 현상이 일어난다. 이를 이용해서 밀물일 때나 썰물일 때 물이 이동하는 에

세계의 조수와 파도 에너지를 사용하면
원전 120기 역량을 능가할 수 있다고 한다

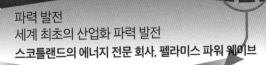

파력 발전
세계 최초의 산업화 파력 발전
스코틀랜드의 에너지 전문 회사, 펠라미스 파워 웨이브

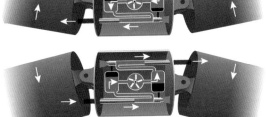

원통을 연결한 연접 구조를 이용하는데, 파도의 힘을 받아 원통이 상하로 움직이거나 비틀려 수압 펌프를 작동하고 그 힘으로 펠라미스 웨이브 파워에서 만든 파력 발전 장치가 발전한다. 장치의 절반이 수면 아래에 있어서 경관을 해치지 않는다. 총 설비 용량은 2.25MW(2,250kW)이다

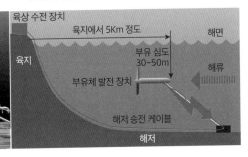

해양국 일본이 가진 가능성은?

영해와 배타적 경제 수역의 넓이는 세계 6위

일본에서는 조력 발전과 파력 발전 모두 도입 목표치가 설정되어 있지 않다. 그러나 일본의 해양 에너지 자원 이용 추진 기구(OEA-J)는 단계적으로 발전 규모를 확대하여 2050년까지 도입치를 조력 발전 7600MW, 파력 발전 7350MW로 하겠다는 로드맵을 발표했다

너지를 회전 운동으로 바꿔서 발전기를 돌리는 것이 조력 발전이다. 밀물과 썰물은 보통 하루에 두 번 일어나기 때문에 발전량을 예측할 수도 있다.

영국을 필두로 한 해양국에 유리

해양 에너지를 쓰는 발전은 기후에 좌우되지 않고 안정된 전력을 기대할 수 있는 데다가 발전기를 해저에 설치하기 때문에 경관을 해치는 일도 없다. 그러나 건설 비용이 만만치 않고 염분이나 파도의 영향을 받는 바다에서는 설비를 유지하기가 힘들다. 그래서 세계에서도 아직 실용 사례가 적은데, 북유럽, 북아메리카, 호주, 한국 등 바다와 닿아 있는 나라들이 앞다투어 개발에 힘을 쓰고 있다.

이 분야에서는 바다에 둘러싸였으며 조수의 흐름이 심한 해역을 많이 가진 영국이 앞장서고 있다. 비슷한 지리적 조건을 가진 일본도 이미 규슈 바다의 구로시오를 이용해서 발전 시스템을 실증하는 실험을 시작했다.

화산 지대에 유리한 새 에너지, 땅속의 열을 이용하는 지열 발전

아직 효과적으로 활용하지 못하는 지열 에너지

화산이 발달한 나라들이 풍부하게 가진 자원이 바로 지열이다. 지열이란 지구 내부의 열을 말한다. 화산 지대의 지하 깊숙한 곳에는 1,000도 이상이나 되는 높은 기온 때문에 흐물흐물하게 녹은 암석이 쌓여 마그마 굄이 생긴다. 여기에 지구 표면에서 빗물 등이 들어가 스며들면 열을 받아 따뜻해진다. 이 열수나 수증기가 모여 있는 지열 저류층에서 지열 에너지를 꺼내 발전하는 것이 지열 발전이다.

지열 자원을 많이 가지고 있는 나라들에서도 고작 일부분만이 발전에 이용되고 있다. 일본의

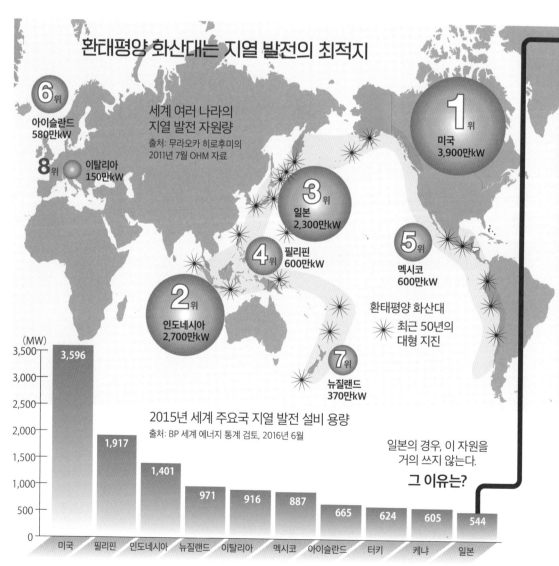

환태평양 화산대는 지열 발전의 최적지

세계 여러 나라의 지열 발전 자원량
출처: 무라오카 히로후미의 2011년 7월 OHM 자료

6위 아이슬란드 580만kW
8위 이탈리아 150만kW
1위 미국 3,900만kW
3위 일본 2,300만kW
4위 필리핀 600만kW
5위 멕시코 600만kW
2위 인도네시아 2,700만kW
7위 뉴질랜드 370만kW

환태평양 화산대
✳ 최근 50년의 대형 지진

2015년 세계 주요국 지열 발전 설비 용량
출처: BP 세계 에너지 통계 검토, 2016년 6월

일본의 경우, 이 자원을 거의 쓰지 않는다.

그 이유는?

	(MW)
미국	3,596
필리핀	1,917
인도네시아	1,401
뉴질랜드	971
이탈리아	916
멕시코	887
아이슬란드	665
터키	624
케냐	605
일본	544

경우, 개발 비용이 비싸다는 점, 그리고 지열 자원이 대부분 국립 공원 안이나 온천지에 있다는 점 때문에 개발이 늦어지고 있다. 그러나 근래 들어 국립 공원의 규제가 풀리면서 온천지와 같이 활용하는 방법도 모색하고 있다.

온천지와 공존하는 온천 발전

전에는 '플래시 방식'을 쓰는 지열 발전이 주류였다. 이는 지열 저류층에서 열수를 퍼 올려 증기로 직접 터빈을 돌려서 발전하는 방법이다. 그러나 이 방법을 쓰려면 150도 이상의 열수가 필요하고, 깊숙한 곳까지 땅을 파야 하기 때문에 지질 조사나 설비 건설에 비용과 시간이 걸린다.

그와 달리 '바이너리 방식'은 100도 이하의 온수로도 물보다 끓는점이 낮은 매개체를 사용해서 발전할 수 있다. 여기서 주목을 모으고 있는 것이 기존의 온천을 이용해서 발전하고, 발전 후에는 물을 온천용으로 쓰는 '온천 발전'이다. 이 방법을 쓰면 새로 땅을 팔 필요가 없고 온천을 효과적으로 이용해서 지역의 전력이나 난방을 보조할 수 있기 때문에 여러 온천지에서 도입을 검토하고 있다.

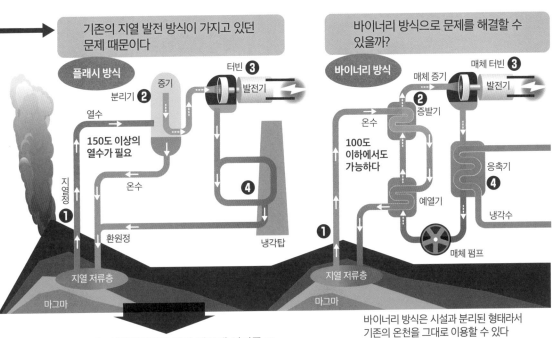

바이너리 방식은 시설과 분리된 형태라서 기존의 온천을 그대로 이용할 수 있다

1 고온의 열원이 필요하기 때문에 입지를 조사하고 개발하는 데 어마어마한 시간과 경비가 든다

2 지열 발전은 온천 관광지가 적합한 경우가 많아서 시설을 건설하면 물의 질에 나쁜 영향을 줄까 봐 반대 운동을 하기도 한다

3 지열 발전은 대부분 국립이나 국정 공원이 적합하기 때문에 시설을 건설하려면 많은 규제를 통과해야 한다

지열 발전의 큰 가능성이 열린다

연간 **36억kWh** **100만 세대**

일본의 지리적 조건을 활용하면 현재보다 45배나 더 많은 전력을 얻을 수 있다

현재

45배

물에서 만든 수소로 발전하는
재생 에너지의 비장의 카드, 수소 에너지

장점이 많은 수소 에너지

지구는 물의 행성이라 불릴 정도로 수자원이 풍부한 곳이다. 이것을 직접 수력으로 사용할 뿐만 아니라 수소로 끄집어내 에너지로 만든 수소 에너지에 뜨거운 시선이 모이고 있다.

수소는 물뿐만 아니라 지구상의 다양한 물질에 들어 있기 때문에 값싸고 고갈될 일이 없으며 에너지를 사용할 때 이산화탄소를 배출할 일도 없다. 또한 저장이나 운반을 할 수 있다는 장점도 있다. 그래서 서양의 선진국을 중심으로 개발이 진행되고 있다.

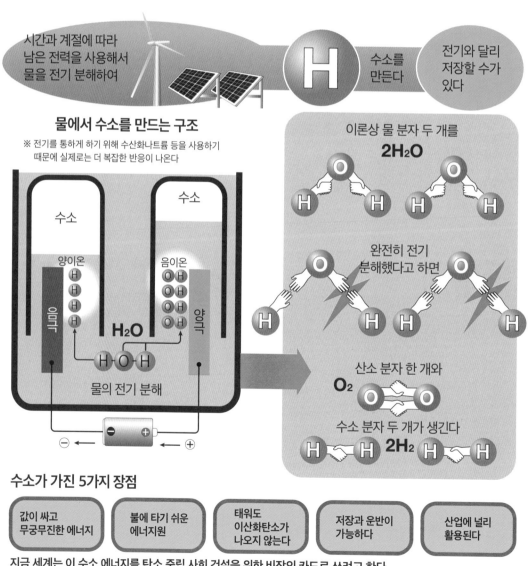

시간과 계절에 따라 남은 전력을 사용해서 물을 전기 분해하여

H 수소를 만든다

전기와 달리 저장할 수가 있다

물에서 수소를 만드는 구조

※ 전기를 통하게 하기 위해 수산화나트륨 등을 사용하기 때문에 실제로는 더 복잡한 반응이 나온다

수소

수소

양이온

음이온

음극

양극

H_2O

물의 전기 분해

$-$ ←   → $+$

이론상 물 분자 두 개를

$2H_2O$

완전히 전기 분해했다고 하면

산소 분자 한 개와

O_2

수소 분자 두 개가 생긴다

$2H_2$

수소가 가진 5가지 장점

| 값이 싸고 무궁무진한 에너지 | 불에 타기 쉬운 에너지원 | 태워도 이산화탄소가 나오지 않는다 | 저장과 운반이 가능하다 | 산업에 널리 활용된다 |

지금 세계는 이 수소 에너지를 탄소 중립 사회 건설을 위한 비장의 카드로 쓰려고 한다

수소와 산소로 전기를 만든다

물에서 수소를 빼내려면 전기를 가해서 수소와 산소로 분해해야 한다. 이것을 전기 분해라고한다. 그러나 이때 쓰는 전기가 화석 연료를 태워서 만든 것이라면 이산화탄소가 생기기 때문에이 이산화탄소를 줄이기 위해서는 재생 에너지로 만든 전기를 써야 한다. 그리고 수소로 전기를만들려면 전기 분해와 반대로 수소를 태워서 산소와 화학 반응을 일으킨 다음에 그 에너지를 발전한다.

수소 에너지를 이용하는 방법에는 이 수소 발전 외에도 연료 전지를 쓰는 방법이 하나 더 있다.연료 전지도 기본은 수소 발전과 똑같은 구조를 갖고 있지만, 수소를 태우지 않고 산소와 화학 반응을 일으켜 전기를 만든다. 근래 들어 보급되고 있는 가정용 연료 전지인 에너팜(ENE-FARM)도천연가스 등에 들어 있는 수소를 이용해서 전기와 뜨거운 물을 만드는 것이다. 또한 연료 전지를적용한 수소 자동차 개발도 한창이다.

수소 에너지로 발전

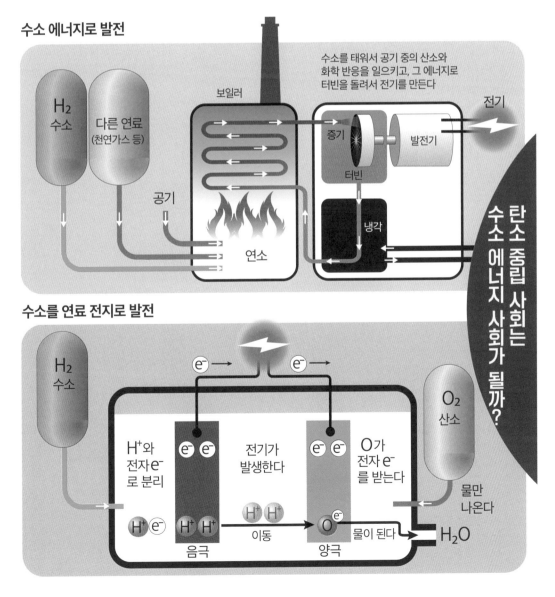

수소를 태워서 공기 중의 산소와화학 반응을 일으키고, 그 에너지로터빈을 돌려서 전기를 만든다

보일러

H_2 수소

다른 연료(천연가스 등)

공기

증기

발전기

터빈

냉각

연소

전기

탄소 중립 사회는 수소 에너지 사회가 될까?

수소를 연료 전지로 발전

H_2 수소

O_2 산소

H^+와전자 e^-로 분리

전기가발생한다

O가전자 e^-를 받는다

물만나온다

H^+ e^- 이동 물이 된다 H_2O

음극

양극

수소 사회를 실현하기 위해 풀어야 할 과제와 해결책은?

실제로 사용하려면 가격을 낮춰야 한다

세계는 지금 수소 에너지를 활용한 수소 사회가 이루어지길 크게 기대하고 있다. 그러나 보급에 애를 먹는 것이 현재 상황이다. 그 주된 이유와 해결책을 아래 그림에 정리했다.

첫 번째로 수소를 만들려면 비용이 많이 든다는 점을 들 수 있다. 수소를 빼내는 원료는 물 말고도 하수 진흙이나 가축의 배설물 등에서 나오는 바이오매스나 갈탄이라 불리는 저품질 석탄 등으로 싼값에 조달할 수가 있다. 그러나 수소를 빼내려면 어마어마한 전력이 필요하다. 이를 모두

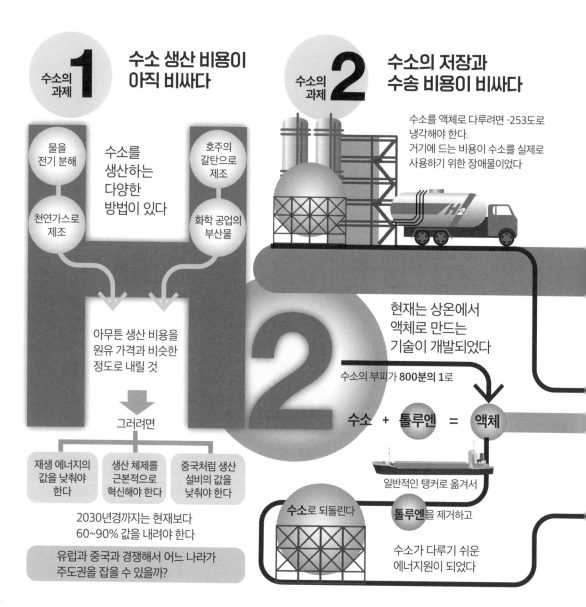

수소의 과제 1 수소 생산 비용이 아직 비싸다

물을 전기 분해

수소를 생산하는 다양한 방법이 있다

천연가스로 제조

호주의 갈탄으로 제조

화학 공업의 부산물

아무튼 생산 비용을 원유 가격과 비슷한 정도로 내릴 것

그러려면

재생 에너지의 값을 낮춰야 한다

생산 체제를 근본적으로 혁신해야 한다

중국처럼 생산 설비의 값을 낮춰야 한다

2030년경까지는 현재보다 60~90% 값을 내려야 한다

유럽과 중국과 경쟁해서 어느 나라가 주도권을 잡을 수 있을까?

수소의 과제 2 수소의 저장과 수송 비용이 비싸다

수소를 액체로 다루려면 -253도로 냉각해야 한다. 거기에 드는 비용이 수소를 실제로 사용하기 위한 장애물이었다

현재는 상온에서 액체로 만드는 기술이 개발되었다

수소의 부피가 800분의 1로

수소 + 톨루엔 = 액체

일반적인 탱커로 옮겨서

수소로 되돌린다

톨루엔을 제거하고

수소가 다루기 쉬운 에너지원이 되었다

재생 에너지로 충당하려면 가격이 너무 비싸다. 그러므로 앞으로는 이것에 대한 비용이 화석 연료와 비슷한 정도로 내려가야 한다.

두 번째로 저장과 수송 비용에 대한 문제다. 수소는 액체로 만들면 부피가 기체의 800분의 1이 되므로 저장이나 수송을 하기에는 액체가 더 편리하다. 그러나 −253도로 냉각할 때 비용이 든다. 그래서 현재 톨루엔을 넣어 상온에서 액체로 만드는 기술이 개발되고 있다.

세 번째로 수소 사회를 실현하기 위해서는 수소의 제조·수송·공급망을 구축할 필요가 있는데, 여기서도 막대한 비용이 과제로 남아 있다. 예를 들어 수소 자동차를 보급하는 데 빠질 수 없는 수소 충전소는 주유소보다 건설 비용이 5배나 더 드는데, 수소를 상온에서 저장할 수 있게 된다면 비용을 줄일 수 있을 것이다.

그리고 네 번째로 수소를 활용할 수 있는 산업이 아직 적다는 것인데, 현재 제철에 수소를 사용하는 기술(70~71쪽)이 기대를 받고 있다.

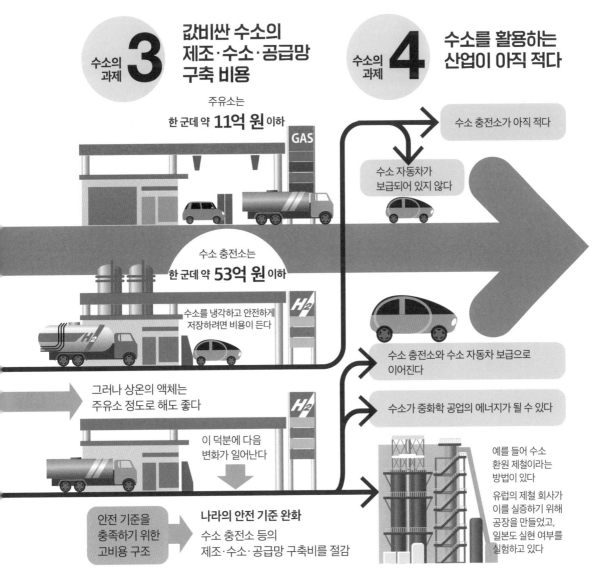

엔진에서 배터리로, 차의 전동화가 산업 구조를 바꾼다

차를 전동화하면 일어나는 일

차의 심장부가 **내연 기관 엔진**에서 **배터리**로 바뀐다

리튬 이온 전지

- 기술 개발의 주역은 배터리 성능으로
- 달리는 기계에서 생각하고 달리는 인공지능 자동차로
- 달릴수록 공기를 깨끗하게 만드는 자동차로
- 재해가 발생했을 때 전원을 공급할 수 있는 자동차로

석유   내연 기관

내연 기관 자동차

배터리   모터

전기 자동차

차를 전동화하면 감소하고 사라지는 수요와 일

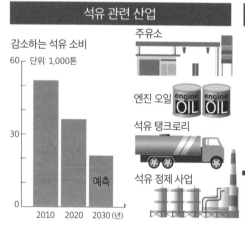

석유 관련 산업

감소하는 석유 소비

단위: 1,000톤

주유소

엔진 오일

석유 탱크로리

석유 정제 사업

| | 2010 | 2020 | 2030 (년) |

예측

차체 정비 관련 산업

자동차 수리

자동차 검사

자동차 부품 관련 산업

엔진이 필요 없다

트랜스미션도 필요 없다

일반 자동차 부품은 3만 점이며 전기 자동차 부품은 이것의 반이다

일본의 경우, 자동차 산업에 관여하는 500만 명이 이 영향을 받는다

이산화탄소를 배출하지 않는 전기 자동차의 시대로

일본의 경우, 이산화탄소 배출량 중 약 20%를 차지하는 것이 자동차 같은 탈것들이다. 휘발유나 경유 등의 석유를 연료로 하는 내연 기관 자동차는 엔진으로 석유를 태우기 때문에 이산화탄소를 배출한다. 그 때문에 이산화탄소를 배출하지 않는 친환경 자동차로서 전기 자동차가 앞으로 주류가 될 것이라 예측된다. 전기 자동차는 배터리에 저장한 전기의 힘으로만 달린다. 지금까지는 충전에 시간이 걸리고 장거리 이동에 맞지 않는다는 과제를 안고 있었는데, 기술 개발과 함께 개선되고 있다.

대변혁을 맞이하는 자동차 관련 산업

전기 자동차의 발전은 기존 자동차 관련 산업에 엄청난 영향을 끼칠 것으로 예상된다. 전기 자

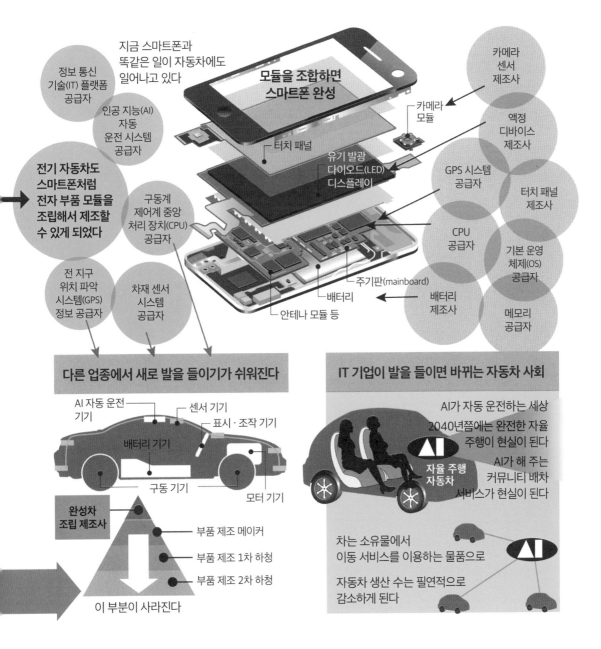

지금 스마트폰과 똑같은 일이 자동차에도 일어나고 있다

정보 통신 기술(IT) 플랫폼 공급자

인공 지능(AI) 자동 운전 시스템 공급자

전기 자동차도 스마트폰처럼 전자 부품 모듈을 조립해서 제조할 수 있게 되었다

구동계 제어계 중앙 처리 장치(CPU) 공급자

전 지구 위치 파악 시스템(GPS) 정보 공급자

차재 센서 시스템 공급자

모듈을 조합하면 스마트폰 완성

카메라 모듈

터치 패널

유기 발광 다이오드(LED) 디스플레이

배터리

주기판(mainboard)

안테나 모듈 등

카메라 센서 제조사

액정 디바이스 제조사

GPS 시스템 공급자

터치 패널 제조사

CPU 공급자

기본 운영 체제(OS) 공급자

배터리 제조사

메모리 공급자

다른 업종에서 새로 발을 들이기가 쉬워진다

AI 자동 운전 기기

센서 기기

표시 · 조작 기기

배터리 기기

구동 기기

모터 기기

완성차 조립 제조사

부품 제조 메이커

부품 제조 1차 하청

부품 제조 2차 하청

이 부분이 사라진다

IT 기업이 발을 들이면 바뀌는 자동차 사회

AI가 자동 운전하는 세상

2040년쯤에는 완전한 자율 주행이 현실이 된다

AI가 해 주는 커뮤니티 배차 서비스가 현실이 된다

자율 주행 자동차

차는 소유물에서 이동 서비스를 이용하는 물품으로

자동차 생산 수는 필연적으로 감소하게 된다

동차가 보급되면 석유와 엔진, 거기에 부수적으로 따르는 많은 부품들도 다 필요가 없어진다. 지금까지는 자동차 제조사가 자사 공장을 가지고 부품 메이커를 계열화하여 생산을 총괄해 왔다. 그러나 전기 자동차 생산은 스마트폰이나 가전 제품처럼 부품을 기기별로 짜 올릴 수 있기 때문에 자사 공장을 갖고 있는 자동차 제조사가 아니더라도 발을 들일 수 있게 된다. 그렇게 되면 내연 기관 자동차 보급으로 구축되어 온 산업 구조가 크게 바뀌어 일본의 경우, 석유 관련, 차체 정비, 자동차 부품 제조 등과 관련된 약 500만 명이 영향을 받게 될 것으로 추측된다.

현재 자동차를 전동 방식으로 바꾸는 흐름은 말을 타던 시대에서 자동차로 바뀌었을 때와 비슷할 정도의 대변혁이다. 이 대변혁은 자동차 관련 회사만 맞닥뜨린 것은 아니다. 미국의 구글이나 중국의 알리바바 등의 거대 정보 통신 기술(IT) 기업은 인공 지능(AI)을 사용한 자율 주행 기술을 선도한다. IT 기업이 들어오면서 완전한 자율 주행이 실현되면 자동차는 소유해서 운전하는 물건에서 이동 서비스로 이용하는 물건으로 바뀔지도 모른다.

자동차나 비행기의 전동화는 2050년에 어디까지 가능할까?

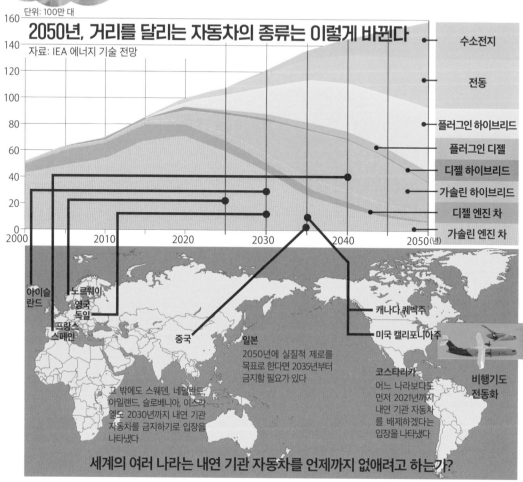

단위: 100만 대

2050년, 거리를 달리는 자동차의 종류는 이렇게 바뀐다

자료: IEA 에너지 기술 전망

수소전지

전동

플러그인 하이브리드

플러그인 디젤

디젤 하이브리드

가솔린 하이브리드

디젤 엔진 차

가솔린 엔진 차

아이슬란드
노르웨이
영국
독일
프랑스
스페인

그 밖에도 스웨덴, 네덜란드, 아일랜드, 슬로베니아, 이스라엘도 2030년까지 내연 기관 자동차를 금지하기로 입장을 나타냈다

중국

일본
2050년에 실질적 제로를 목표로 한다면 2035년부터 금지할 필요가 있다

캐나다 퀘벡주

미국 캘리포니아주

코스타리카
어느 나라보다도 먼저 2021년까지 내연 기관 자동차를 배제하겠다는 입장을 나타냈다

비행기도 전동화

세계의 여러 나라는 내연 기관 자동차를 언제까지 없애려고 하는가?

내연 기관 자동차 금지까지 15년 남았다?

위의 그래프는 국제 에너지 기구(IEA)가 발표한 동력별 자동차 대수의 추이다. 현재로서는 내연 기관 자동차 중 가솔린 엔진 자동차가 압도적으로 많지만, 휘발유와 전기를 병용하는 하이브리드 차, 하이브리드 차에 외부 충전 기능을 더한 플러그인 하이브리드 차도 조금씩 늘고 있다. IEA는 2030년경부터 전기 자동차나 수소 자동차가 늘어나고, 2050년까지는 가솔린 엔진 자동차가 급속도로 줄어들 것이라고 예측한다. 이 변화를 누구보다 먼저 예상하고 전기 자동차 개발에서 세계를 리드하는 나라는 중국이다. 대기오염 때문에 골머리를 앓아 왔던 중국은 10년도 더 전부터 국가적 프로젝트로서 자동차의 전동화를 진행해 왔고, 지금은 이미 전기 자동차가 급속도로 보급되고 있다. 그 중국은 2035년까지 내연 기관 자동차 판매를 금지하겠다는 입장을 발표했다.

마찬가지로 미국이나 캐나다의 일부 주에서도 2035년까지, 영국, 스웨덴, 덴마크 등은 2030년

이산화탄소 배출량

가솔린 엔진을 **100**으로 둔다

100 가솔린 엔진 자동차

0 수소 연료 전지 차

더할 나위 없는 친환경 자동차

수소 ○

수소 탱크 / 배터리 / FC 스택 / 전동기·발전기

물만 발생하고 이산화탄소가 나오지 않을 뿐 아니라 에너지 효율이 높다. 차량이 비싸고 수소 충전소가 적다는 과제도 있다

1~37 전기 자동차(EV카)

전원 🔌

배터리 / 전동기·발전기

주행할 때는 이산화탄소가 나오지 않는다. 또한 연료비가 저렴하다는 장점이 있다. 단점으로는 주행 가능 거리가 짧다는 점이나 충전에 시간이 걸린다는 점 등을 들 수 있다

37 플러그인 하이브리드 차

전원 🔌

배터리 / 연료 탱크 / 전동기·발전기 / 내연 기관

휘발유

전기와 휘발유를 구분해서 쓰기 때문에 전기 자동차의 주행 거리가 짧다는 단점을 커버할 수 있다. 그러나 충전에 시간이 걸리거나 차 안이 좁아진다는 단점도 있다

65 가솔린 하이브리드 차

배터리 / 연료 탱크 / 모터 발전기 / 엔진

휘발유

보통 가솔린 엔진 자동차에 비해 연비가 좋고 이산화탄소 배출량도 적다. 연료는 휘발유만 있으면 되고 전기 충전은 필요하지 않기 때문에 기존의 인프라를 변경할 일이 없다.

에어버스는 2035년까지 수소 여객기를 개발

에어버스는 2035년까지 수소를 주 연료로 하늘을 나는 하이브리드 방식의 여객기를 실용화하려고 한다. 기존의 엔진을 수소 연료용으로 개량하고 전기로 동력을 일으키는 방식과 합쳐서 친환경 여객기를 개발하고자 한다

일본항공은 의류를 원료로 한 바이오제트(biojet) 연료로 항로를 따라서 나는 데 성공

10만 벌로 하늘을 날아라!
일본항공 바이오제트 연료 플라이트

의류품(면)으로 바이오제트 연료를 제조하는 데 성공하는 등 독자적인 연료 개발이 이어지고 있으며 2021년 2월에는 처음으로 국산 바이오제트 연료를 쓴 특별 항공편이 하늘을 날았다

까지, 노르웨이는 더 이른 2025년까지 내연 기관 자동차의 판매를 금지하겠다고 밝히는 등 자동차의 전동화가 세계적으로 점점 빨라지고 있다.

그에 비해 일본은 2030년대 중반을 목표로 검토 중이라는 두루뭉술한 입장을 취하고 있다. 자동차의 수명은 약 15년이라고 한다. 일본이 2050년까지 이산화탄소 배출량을 실질적 제로로 만들고자 한다면, 2035년까지 내연 기관 자동차 판매를 중지해야 할 것이다.

수소나 바이오 연료로 하늘을 나는 비행기

대량의 화석 연료를 소비하여 세계의 이산화탄소 중 2%를 배출하는 항공 업계도 변혁이 시급하다. 유럽의 대형 항공기 메이커 에어버스는 2035년까지 수소를 연료로 하는 비행기를 실용화하겠다는 계획을 발표했다. 또한 폐기물이나 식물 등을 원료로 하는 바이오제트 연료는 이미 이용되고 있으며 일본항공과 올니폰항공도 바이오제트 연료를 사용한 항해를 시작했다.

이산화탄소 배출량의 25%를 차지하는 산업 부문의 탄소 중립화는?

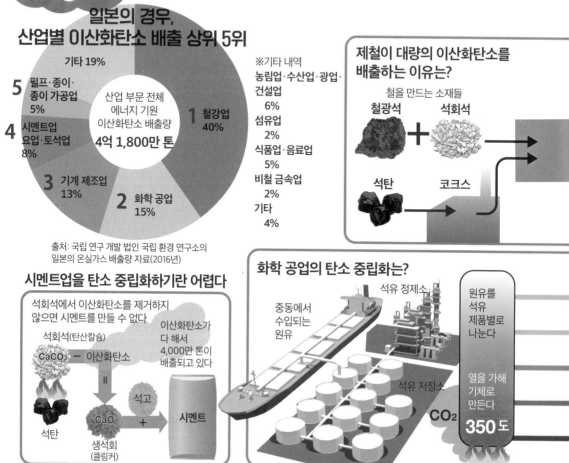

일본의 경우, 산업별 이산화탄소 배출 상위 5위

산업 부문 전체 에너지 기원 이산화탄소 배출량 **4억 1,800만 톤**

- **1** 철강업 40%
- **2** 화학 공업 15%
- **3** 기계 제조업 13%
- **4** 시멘트업 요업·토석업 8%
- **5** 펄프·종이· 종이 가공업 5%
- 기타 19%

※기타 내역
- 농림업·수산업·광업·건설업 6%
- 섬유업 2%
- 식품업·음료업 5%
- 비철 금속업 2%
- 기타 4%

출처: 국립 연구 개발 법인 국립 환경 연구소의 일본의 온실가스 배출량 자료(2016년)

제철이 대량의 이산화탄소를 배출하는 이유는?

철을 만드는 소재들

철광석 + 석회석

석탄   코크스

시멘트업을 탄소 중립화하기란 어렵다

석회석에서 이산화탄소를 제거하지 않으면 시멘트를 만들 수 없다

이산화탄소가 다 해서 4,000만 톤이 배출되고 있다

석회석(탄산칼슘)
$CaCO_3$ − 이산화탄소

=

석탄 CaO + 석고 → 시멘트

생석회 (클링커)

화학 공업의 탄소 중립화는?

중동에서 수입되는 원유

석유 정제소

석유 저장소

CO_2

원유를 석유 제품별로 나눈다

열을 가해 기체로 만든다

350도

제철의 탄소 중립화는 수소가 유력

일본의 경우, 이산화탄소 배출량이 가장 많은 곳이 에너지 부문에 이어 산업 부문이다. 특히 제조업에서는 고온의 열에너지가 사용되는 일이 많고, 열원으로 저렴한 화석 연료가 이용되기 때문에 이산화탄소를 배출하게 된다. 또한 산업 분야에서 사용되는 열에너지는 전부 다 효율적으로 이용되는 것이 아니어서 대부분이 여열로서 방출된다. 그 때문에 사용하지 않은 열에너지의 활용이 시급하다. 위의 그래프에 나타냈듯이 산업 부문에서 이산화탄소 배출량이 가장 많은 곳은 나라의 기간산업이기도 한 철강업이다. 일본은 고로(용광로)를 사용한 제철이 주류인데, 철광석과 함께 코크스를 태울 때 대량의 이산화탄소를 배출한다. 이 이산화탄소를 줄이기 위해 연구 개발이 진행되고 있으며, 현재 코크스 대신에 수소를 사용해서 철광석을 환원하는 방법이 주목을 받고 있다.

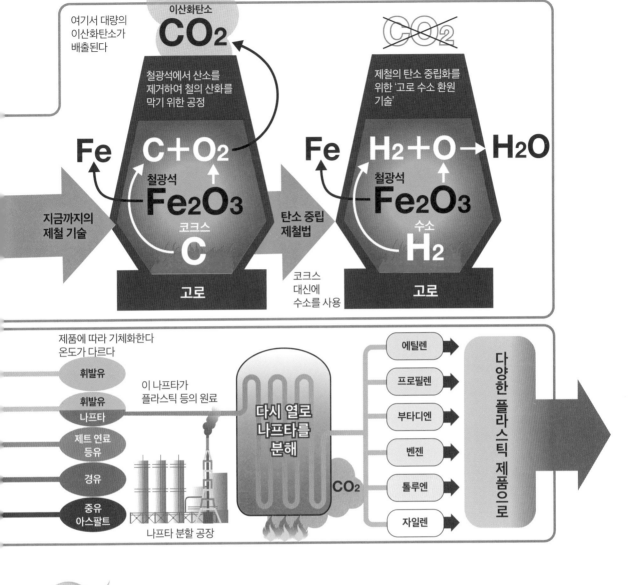

화학 산업의 탄소 중립화는?

화학 산업은 이산화탄소 배출량이 두 번째로 많은 산업 분야다. 많은 화학 제품의 원료가 되는 나프타를 증류 분해하는 과정에서도 대량의 이산화탄소가 배출된다. 그래서 여기서도 수소나 재생 에너지를 이용하도록 검토하고 있다. 또한 화학 물질을 합성하거나 분리할 때도 열 에너지가 사용되기 때문에 이 에너지의 양을 줄이기 위한 신기술도 필요하다. 근래에는 폐기된 플라스틱을 다시 원료로 이용하는 화학적 재활용도 이루어지고 있는데, 여기에는 또 다른 문제도 숨어 있다. 자세한 이야기는 다음 장에서 다루기로 하겠다.

이산화탄소를 줄이는 데 가장 어려움이 있는 산업 분야는 시멘트 제조업이다. 시멘트는 원료인 석회석으로 클링커라 불리는 생석회를 만드는 공정에서 화학 반응이 일어나 이산화탄소가 발생한다. 탄소 중립화가 매우 어려운 공정이라 발생한 이산화탄소를 회수해서 재이용하는 방법을 찾는 중이다.

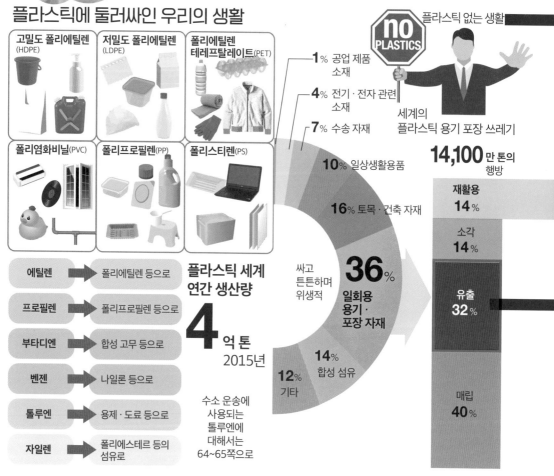

생활에서 할 수 있는 탄소 중립 노력은 플라스틱 쓰레기를 줄이는 것

플라스틱에 둘러싸인 우리의 생활

고밀도 폴리에틸렌 (HDPE)

저밀도 폴리에틸렌 (LDPE)

폴리에틸렌 테레프탈레이트 (PET)

폴리염화비닐 (PVC)

폴리프로필렌 (PP)

폴리스티렌 (PS)

플라스틱 없는 생활
no PLASTICS

1% 공업 제품 소재
4% 전기 · 전자 관련 소재
7% 수송 자재

세계의 플라스틱 용기 포장 쓰레기

10% 일상생활용품
16% 토목 · 건축 자재

싸고 튼튼하며 위생적

36% 일회용 용기 · 포장 자재

14% 합성 섬유
12% 기타

14,100만 톤의 행방

재활용 14%
소각 14%
유출 32%
매립 40%

에틸렌 → 폴리에틸렌 등으로
프로필렌 → 폴리프로필렌 등으로
부타디엔 → 합성 고무 등으로
벤젠 → 나일론 등으로
톨루엔 → 용제 · 도료 등으로
자일렌 → 폴리에스테르 등의 섬유로

플라스틱 세계 연간 생산량
4억 톤
2015년

수소 운송에 사용되는 톨루엔에 대해서는 64~65쪽으로

환경에 큰 부담을 주는 플라스틱 쓰레기

우리 생활 속에는 플라스틱이 넘쳐흐른다. 플라스틱은 석유를 사용해 인공적으로 만들어 낸 화학 제품이다. 앞서 살펴봤듯이 플라스틱의 원료인 화학 물질을 만드는 과정에서는 이산화탄소가 배출된다. 그뿐만이 아니다. 대량 생산되는 값싼 플라스틱은 대량 폐기되어 세계적으로 쓰레기 문제를 일으키고 있다. 플라스틱은 자연에 그대로 둬도 분해되지 않기 때문에 바다로 흘러들어 가면 해양 생물에 악영향을 줄 뿐 아니라 유해 물질을 만들어 낸다는 사실도 밝혀졌다.

재활용보다 '쓰지 않는' 선택을

일본의 경우에는 플라스틱 쓰레기의 86%가 유효하게 활용되고 있다고 한다. 그러나 실태는 그렇지 않다. 오른쪽 위의 원그래프에서는 플라스틱 쓰레기를 어떻게 재활용하는지 나타냈다. 58%

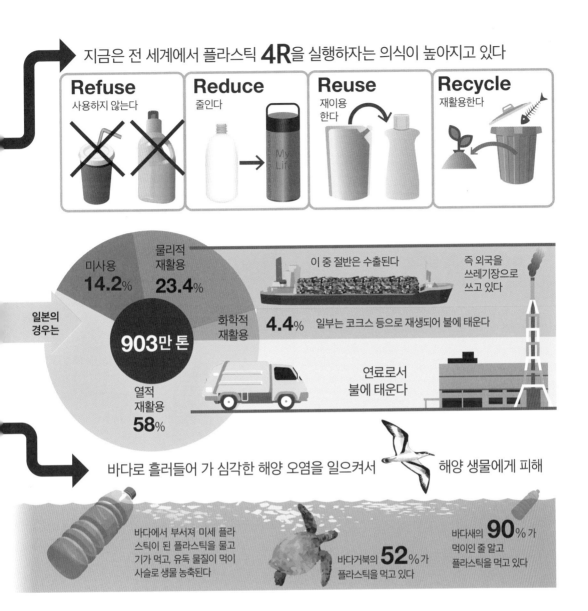

지금은 전 세계에서 플라스틱 **4R**을 실행하자는 의식이 높아지고 있다

Refuse
사용하지 않는다

Reduce
줄인다

Reuse
재이용 한다

Recycle
재활용한다

일본의 경우는

미사용 **14.2**%

물리적 재활용 **23.4**%

903만 톤

화학적 재활용 **4.4**%

열적 재활용 **58**%

이 중 절반은 수출된다

즉 외국을 쓰레기장으로 쓰고 있다

일부는 코크스 등으로 재생되어 불에 태운다

연료로서 불에 태운다

바다로 흘러들어 가 심각한 해양 오염을 일으켜서

해양 생물에게 피해

바다에서 부서져 미세 플라스틱이 된 플라스틱을 물고기가 먹고, 유독 물질이 먹이사슬로 생물 농축된다

바다거북의 **52**%가 플라스틱을 먹고 있다

바다새의 **90**% 가 먹이인 줄 알고 플라스틱을 먹고 있다

를 차지하는 '열적 재활용'은 쓰레기를 태워서 연료로 재활용하는 것을 말한다. 이는 일본에서만 쓰는 명칭이고 다른 나라에서는 에너지 회수, 열 회수라고 불리며 재활용으로 간주하지 않는다. 또한 플라스틱 쓰레기를 화학적으로 재생하는 '화학적 재활용' 중에는 환원제나 코크스로 이용하는 것도 포함되는데, 이들은 결국 불에 태운다. 즉 대부분의 플라스틱 쓰레기는 불에 태워져 이산화탄소를 배출하는 것이다.

　게다가 플라스틱 쓰레기를 물리적인 방법으로 원료로 이용해 새로운 플라스틱 제품을 만드는 물리적 재활용에도 맹점이 있다. 이 중 절반 정도는 나라 안에서 재활용되지 않고 아시아 여러 나라로 수출된다. 즉 다른 나라에 떠넘기고 있기 때문에 실제로 재활용이 되고 있는지는 알 수 없다. 플라스틱 쓰레기가 대량으로 나오는 이유는 일회용 플라스틱 용기 포장이 확 늘어나고 있기 때문이다. 일회용 생활을 개선하지 않는 이상, 플라스틱 쓰레기는 계속 늘어날 것이다. 쓰레기가 될 플라스틱을 줄이고 가능하면 쓰지 않는 것. 이것이 가정에서 할 수 있는 탄소 중립의 첫걸음이다.

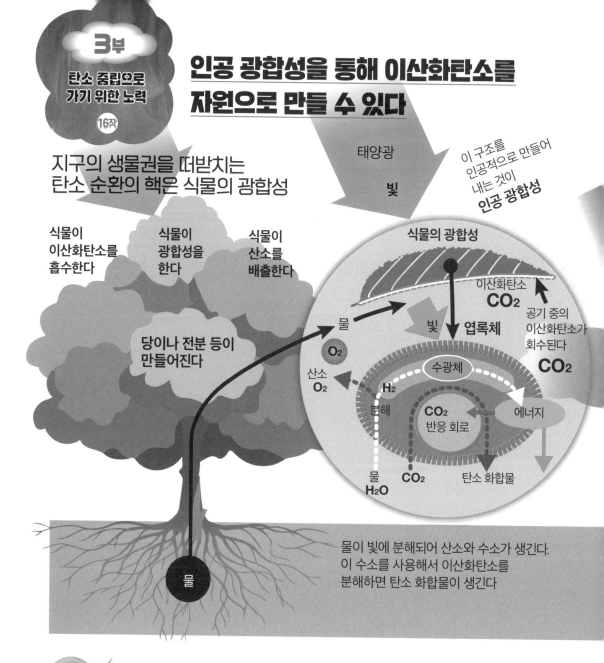

3부

탄소 중립으로
가기 위한 노력

16장

인공 광합성을 통해 이산화탄소를 자원으로 만들 수 있다

지구의 생물권을 떠받치는
탄소 순환의 핵은 식물의 광합성

태양광
빛

이 구조를
인공적으로 만들어
내는 것이
인공 광합성

식물이
이산화탄소를
흡수한다

식물이
광합성을
한다

식물이
산소를
배출한다

당이나 전분 등이
만들어진다

식물의 광합성

CO_2

이산화탄소
CO_2

공기 중의
이산화탄소가
회수된다
CO_2

빛

엽록체

물

O_2

산소
O_2

H_2

분해

수광체

에너지

CO_2
반응 회로

물
H_2O

CO_2

탄소 화합물

물

물이 빛에 분해되어 산소와 수소가 생긴다.
이 수소를 사용해서 이산화탄소를
분해하면 탄소 화합물이 생긴다

식물이 이산화탄소를 흡수하는 구조

지금까지는 이산화탄소를 배출하지 않게 하는 방법을 봐 왔는데, 지구 온난화 대책에는 다른 방법이 하나 더 있다. 그것은 배출된 이산화탄소를 흡수하는 것이다. 대기 중의 이산화탄소가 늘어나는 원인 중 하나는 나무를 베어 내거나 산불이 일어나 이산화탄소를 흡수해 주는 숲이 줄어드는 것이다. 반대로 숲을 늘려 이산화탄소의 흡수량을 늘린다면 이산화탄소는 줄어들게 된다.

도대체 숲은 왜 이산화탄소를 흡수하는 것일까? 12~13쪽에서 봤던 탄소 순환을 다시 한번 생각해 보자. 지구에서는 식물의 광합성을 출발점으로 자연계와 생명권이 서로 탄소를 주고받는다. 식물은 태양광 에너지를 받아 뿌리로 흡수한 물을 수소와 산소로 분해하는데, 이때 얻은 수소와 대기에서 흡수한 이산화탄소를 써서 영양소가 되는 당이나 전분을 합성한다. 즉 식물에게 이산화탄소는 양분을 만드는 기본이며 숲은 이산화탄소를 흡수하는 가장 큰 원천이다.

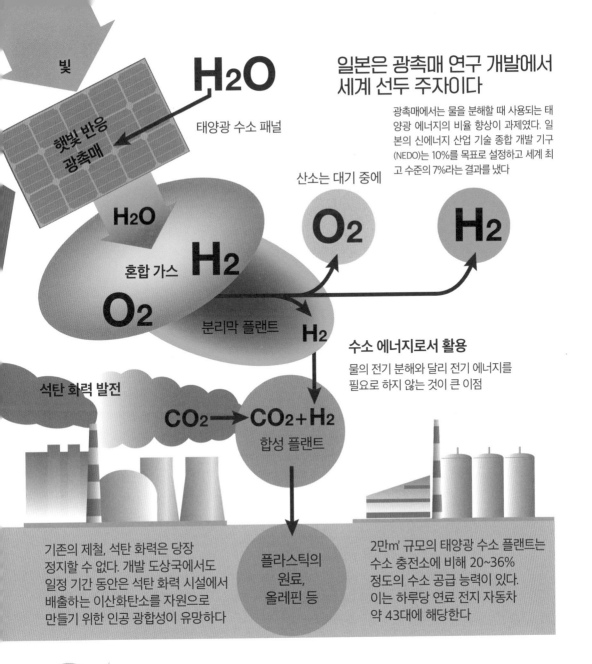

빛

H₂O

햇빛 반응 광촉매

태양광 수소 패널

일본은 광촉매 연구 개발에서 세계 선두 주자이다

광촉매에서는 물을 분해할 때 사용되는 태양광 에너지의 비율 향상이 과제였다. 일본의 신에너지 산업 기술 종합 개발 기구 (NEDO)는 10%를 목표로 설정하고 세계 최고 수준의 7%라는 결과를 냈다

H₂O

혼합 가스 H₂

O₂

분리막 플랜트

산소는 대기 중에

O₂

H₂

H₂

수소 에너지로서 활용

물의 전기 분해와 달리 전기 에너지를 필요로 하지 않는 것이 큰 이점

석탄 화력 발전

CO₂ → CO₂+H₂

합성 플랜트

기존의 제철, 석탄 화력은 당장 정지할 수 없다. 개발 도상국에서도 일정 기간 동안은 석탄 화력 시설에서 배출하는 이산화탄소를 자원으로 만들기 위한 인공 광합성이 유망하다

플라스틱의 원료, 올레핀 등

2만㎡ 규모의 태양광 수소 플랜트는 수소 충전소에 비해 20~36% 정도의 수소 공급 능력이 있다. 이는 하루당 연료 전지 자동차 약 43대에 해당한다

🌀 인공 광합성을 통해 이산화탄소를 자원으로

이 광합성을 인공적으로 재현하여 이산화탄소를 효과적으로 이용하려는 시도가 이미 시작되었다. 그것이 '인공 광합성'이다. 인공 광합성 연구에서 세계적으로 높은 수준에 오른 나라 중 하나는 일본으로, 현재 다양한 연구 개발이 진행되고 있다. 그중 하나가 빛을 흡수해서 화학 반응을 부추기는 광촉매 사용이다. 이 광촉매를 태양광 발전 같은 패널 표면에 고정한 다음 태양광을 비춰서 수분을 분해하면, 수소가 발생해서 수소 에너지로 이용할 수 있다. 전기 에너지를 쓰지 않고 수소를 빼낼 수 있다는 것이 인공 광합성의 강점이다. 게다가 이 수소를 화력 발전소에서 배출된 이산화탄소와 합성하여 플라스틱의 원료를 만들 수도 있다. 이렇게 하면 이산화탄소를 자원으로 이용하고 플라스틱 생산에 필요한 화석 연료 사용을 줄일 수도 있으니 꿈의 기술로서 큰 기대를 받고 있다.

탄소 중립 사회의
삶

1장

탄소 중립을 이루려면 현재의 경제 시스템을 바꿔야 한다

이익이 우선인 경제에서 벗어나라

3부에서는 재생 에너지를 중심으로 어떤 활동을 하고 있는지 알아봤는데, 그렇게만

1763년

파리 조약이 체결되고 세계의 패권은 실질적으로 영국에게 넘어갔다. 이때부터 영국의 산업 혁명이 시작되었다

그렇소, 하늘은 무한하오. 기업도 무한히 성장할 것이오

연기가 바로 기업 발전의 상징 아니겠소?

자본가들은 무한한 성장과 이익이 약속되어 있는 줄만 알았다

1950~1960년대

산업 사회는 공해 문제 때문에 처음으로 주춤거렸다

그리고 마침내 2050년 문제

지구 환경의 한계는 산업 사회의 한계

기온이 상승하면서 기후가 이상해졌소

방독면으로는 안 되겠어

우리는 어디서 잘못했을까?

하면 탄소 중립을 이룰 수 있을까?

산업 혁명은 화석 연료로 에너지 전환을 하는 계기가 되었을 뿐만 아니라 자본주의라는 경제 시스템을 불러왔다. 돈이나 회사를 가진 자본가는 이익을 위해 사업을 확장하고, 이익이 늘어나면 사업을 더 크게 만든다. 이것이 자본주의가 가는 길이며 이에 따라 경제는 무한대로 성장하리라고 생각했다. 그러나 이익을 우선으로 하는 경제 활동은 20세기 중반에는 공해 문제를, 현재는 기후 위기를 불러왔다. 이처럼 경제 활동이 자연환경이나 인간 등 외부에 불이익을 가져다주는 것을 '외부 불경제'라고 한다.

지금까지 기업은 외부 불경제를 무시하고 꾸준히 이익을 추구해 왔다. 그러나 탄소 중립 사회를 이루기 위해서는 모든 기업이 이익의 일부를 떼어 내서라도 지구 온난화라는 외부 불경제에 대처할 필요가 있다. 산업 혁명 이후로 이어져 온 경제 시스템을 되돌아볼 시기가 온 것이다.

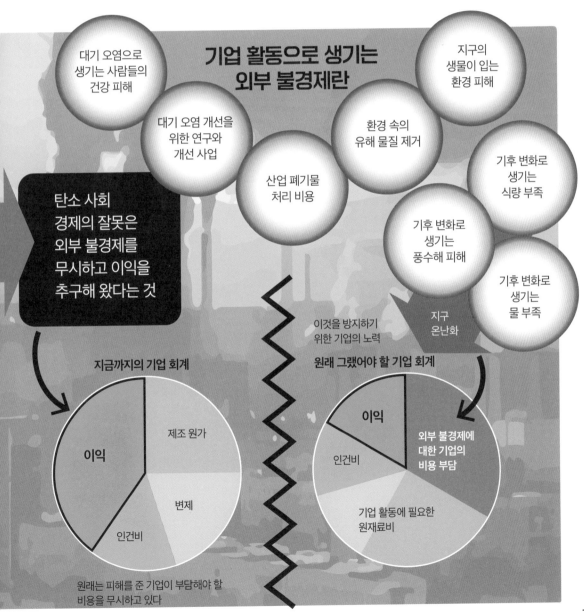

성장하지 않아도 풍요로운 '정상 경제'라는 경제 시스템

손실이 많은 불경제 성장

지금까지 경제학은 경제 성장을 목적으로 하는 게 당연하다고 생각해 왔다. 그러나 미국의 생태 경제학자인 허먼 데일리(Herman Daly)는 경제 성장이 항상 좋다고 생각하는 것은 착각이며 현재의 경제는 '불경제 성장'에 빠져 있다고 지적했다. 아무리 경제가 성장하더라도 이산화탄소를 대량으로 배출하여 지구 환경에 손실을 야기한다면 긍정적인 면보다 부정적인 면이 더 커져서 불경제라는 것이다.

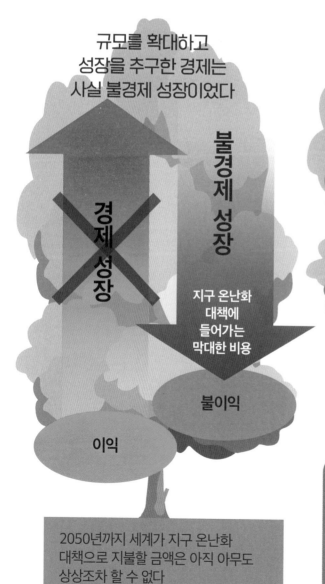

규모를 확대하고 성장을 추구한 경제는 사실 불경제 성장이었다

경제 성장

불경제 성장

지구 온난화 대책에 들어가는 막대한 비용

이익

불이익

2050년까지 세계가 지구 온난화 대책으로 지불할 금액은 아직 아무도 상상조차 할 수 없다

그것은 마치 잎이 무성하지만 열매가 열리지 않는 나무와 같다

겉보기만 성장

국내 총생산(GDP)에서

국내에서 생산된 모든 상품과 서비스의 가치

TRANSPORTATION

과일을 예로 들자면, 크게 성장해서 잎이 무성한 나무에는 열매가 조금만 열린다. 이것이 불경제 성장이다. 한편 나뭇가지와 잎을 잘라서 성장을 멈춘 나무에는 양분이 충분히 돌기 때문에 열매가 많이 열린다. 허먼 데일리는 이처럼 성장을 하지 않아도 성립하는 경제를 '정상 경제'라고 불렀다.

진정한 풍요는 인간의 행복에 있다

지금까지는 경제 규모를 나타내는 국내 총생산(Gross Domestic Product, GDP)을 풍족함의 기준으로 삼았다. 그러나 실제로는 GDP가 성장할수록 환경 파괴나 경제 격차라는 문제가 발생하고 있다. 그래서 허먼 데일리는 진정한 풍요의 기준으로 참진보 지수(Genuine Progress Indicator, GPI)를 제창했다. 이는 경제 활동 중에 풍요로 이어지지 않는 부정적인 면을 빼고 긍정적인 면만 계측하자는 것이다. 즉 겉보기만 경제 성장을 하는 것이 아니라, 사람들이 풍요롭고 행복하다고 느낄 수 있는 지를 진보의 기준으로 삼아야 한다는 사고방식이다. 탄소 중립 사회를 실현하기 위해서는 성장을 하지 않더라도 인간과 지구 모두에 친화적인 경제 시스템이 필요하지 않을까?

규모의 성장은 멈추더라도 열매가 많이 열리는 사과나무가 좋다!

 지속가능한 경제

 세계의 경제 격차를 없애는 경제

이런 경제를 정상 경제라고 한다

 행복을 금전 가치로 두지 않는 경제

 규모보다 질의 성장을 추구하는 경제

참진보 지수(GPI)로

손실 비용을 빼고		이로움을 주는 활동을 더한다
• 지구 온난화에 대한 대책 • 희소 자원이 고갈할 위험에 대응 • 위험에 처한 자연환경에 대한 대책 • 가정·가족·사회 문제 대책 • 원전과 핵폐기물 처리에 따른 위험 요소 • 범죄·교통사고에 따른 손실	• 공기와 물 오염에 대한 대책 • 농지 소실 • 삼림·습지 소실 • 해외에서 빌린 돈 • 여가 시간 감소, 통근 시간이 길어짐 등	• 집안일 • 자원봉사 등 돈으로 환산할 수 없는 가치

→GDP — Gross Domestic Product + = GPI Genuine Progress Indicator

지속가능한 경제를 이루려면 선진국에 정상 경제가 더 필요하다

지구의 한계를 뛰어넘은 선진국의 성장

지구의 생태계가 가진 처리 능력에는 한계가 있다. 현재 경제 활동의 규모는 지구가 1.5개 필요할 정도로 팽창했으며 이것이 지구 온난화의 원인이다. 이 상황은 주로 선진국이 불러왔다. 세계 이산화탄소 배출량의 대부분이 선진국의 경제 활동 때문에 생긴 것이며, 그 혜택도 선진국 사람들이 가졌다. 아래에는 주요국의 1인당 국민 총소득(Gross National Income, GNI)을 비교한 그래프를 나타냈다. 서양을 중심으로 한 선진국과 아시아, 아프리카, 남아메리카의 나라들 사이에는 압도

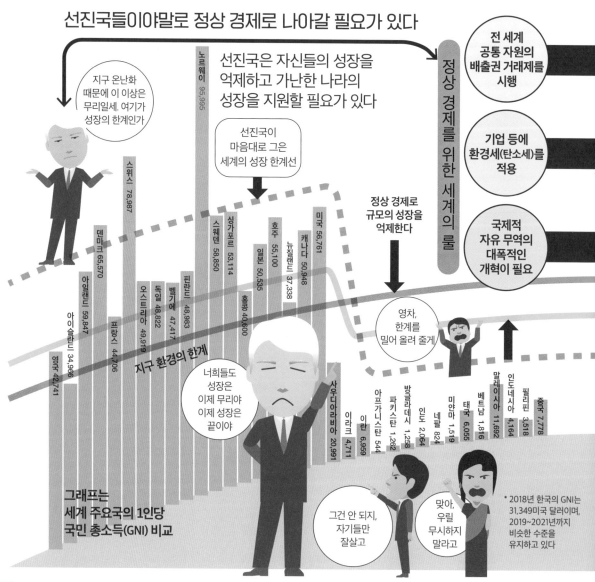

선진국들이야말로 정상 경제로 나아갈 필요가 있다

지구 온난화 때문에 이 이상은 무리일세. 여기가 성장의 한계인가

선진국은 자신들의 성장을 억제하고 가난한 나라의 성장을 지원할 필요가 있다

선진국이 마음대로 그은 세계의 성장 한계선

정상 경제로 규모의 성장을 억제한다

정상 경제를 위한 세계의 룰

전 세계 공통 자원의 배출권 거래제를 시행

기업 등에 환경세(탄소세)를 적용

국제적 자유 무역의 대폭적인 개혁이 필요

영차, 한계를 밀어 올려 줄게

너희들도 성장은 이제 무리야 이제 성장은 끝이야

지구 환경의 한계

노르웨이 95,995
스위스 78,987
덴마크 65,570
아일랜드 59,847
아이슬란드 34,966
영국 42,741
프랑스 44,706
오스트리아 49,919
독일 48,822
벨기에 47,417
핀란드 48,983
싱가포르 53,114
스웨덴 58,850
일본 55,100
홍콩 40,600
호주 55,100
뉴질랜드 37,338
캐나다 50,948
미국 56,761

사우디아라비아 20,991
이라크 4,711
이란 6,959
아프가니스탄 544
파키스탄 1,262
방글라데시 1,258
인도 2,064
네팔 824
미얀마 1,519
태국 6,055
베트남 1,816
말레이시아 11,692
인도네시아 4,164
필리핀 3,518
한국 7,778

그건 안 되지, 자기들만 잘살고

맞아, 우릴 무시하지 말라고

* 2018년 한국의 GNI는 31,349미국 달러이며, 2019~2021년까지 비슷한 수준을 유지하고 있다

그래프는 세계 주요국의 1인당 국민 총소득(GNI) 비교

적인 경제 격차가 있다는 사실을 알 수 있다. 대부분의 개발 도상국은 유럽의 여러 나라로부터 식민 지배를 받았던 과거를 갖고 있으며, 근래에는 글로벌 기업이 진출하면서 시장을 석권하고 있다. 성장을 추구하는 선진국의 경제 시스템이 이 격차를 낳은 것이다.

선진국이 앞으로 해야 할 일

탄소 중립 사회를 실현하기 위해서는 먼저 선진국이 이산화탄소를 배출하며 성장하는 경제를 개혁해서 정상 경제로 나아가야 한다. 그와 동시에 개발 도상국이 탄소 중립과 경제 발전을 같이 할 수 있도록 지원할 필요가 있다. 구체적인 경제 정책으로는 지구의 자원 사용에 관해 세계에서 상한을 정하고 공정하게 각국에 나눠 주어야 한다. 또한 자원을 이용해서 이산화탄소 등을 배출하는 기업에 환경세를 부과하고, 나라와 나라 사이의 자금 이동을 제한하고, 금융 시스템을 뿌리부터 개혁해야 한다. 지금부터 이 문제에 대해 자세히 파고들어 보자.

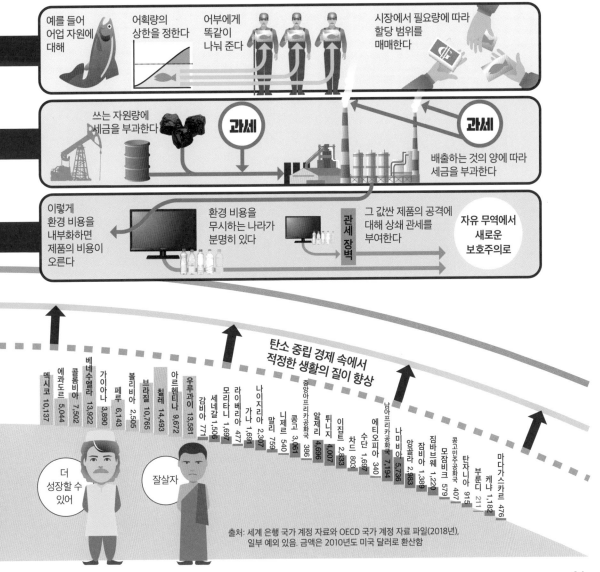

출처: 세계 은행 국가 계정 자료와 OECD 국가 계정 자료 파일(2018년), 일부 예외 있음. 금액은 2010년도 미국 달러로 환산함

탄소 중립 사회를 실현하려면 사회적 공통 자본을 고려해야 한다

인류 공통 재산이라는 관점

일본의 경제학자 우자와 히로후미(1928~2014년)는 '사회적 공통 자본'이라는 개념을 제창하며 평생 동안 자본주의의 결함을 지적했다. 사회적 공통 자본이란 사회의 공통 재산으로 봐야 할 자본이라는 뜻이다. 우자와 히로후미는 사람들이 잘 먹고 잘 살기 위해서는 인류 공통 재산이 필요하며 이것을 돈을 버는 대상으로 보지 말아야 한다고 생각했다. 사회 공통 자본 중 하나는 '자연환경 자본'이다. 지금까지는 이익을 위해 자연에서 무한대로 자원을 얻거나 자연환경을 파괴하며

산업 활동을 해 왔다. 그 결과가 대기 오염이나 수질 오염, 삼림 파괴, 그리고 이산화탄소 배출로 생긴 지구 온난화다.

시장 내 자유 경쟁에 제한을

여기에는 탄소 중립 사회를 생각할 때 힌트가 될 만한 것이 있다. 자본주의라는 경제 시스템은 지금까지 시장 내 자유로운 경쟁에 맡기면 수요와 공급이 조정되고 사람들의 생활이 풍족해진다고 생각하는 '시장 근본주의'를 따랐다. 그러나 이 자유로운 경쟁이 지구 온난화에 불을 붙였다. 탄소 중립 사회를 이루기 위해서는 사회적 공통 자본을 시장에서 격리하여 적절하게 관리할 필요가 있지 않을까? 우자와 히로후미는 자연환경 외에도 교육, 의료, 금융 등의 '사회 제도 자본', 전기나 가스 등의 에너지, 상하수도, 도로, 교통수단 등 인간의 생활 기반이 되는 '사회 인프라 자본'도 이익 추구 대상이 아니라 공공재여야 한다고 설명했다. 이 가운데 에너지 사업에 대해서는 다음 장에서 자세히 살펴보겠다.

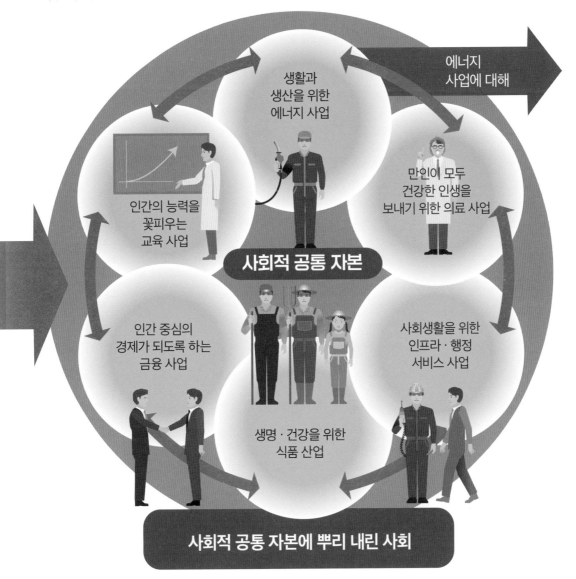

에너지 사업에 대해

생활과 생산을 위한 에너지 사업

인간의 능력을 꽃피우는 교육 사업

만인이 모두 건강한 인생을 보내기 위한 의료 사업

사회적 공통 자본

인간 중심의 경제가 되도록 하는 금융 사업

사회생활을 위한 인프라 · 행정 서비스 사업

생명 · 건강을 위한 식품 산업

사회적 공통 자본에 뿌리 내린 사회

탄소 중립 사회의 에너지는 중앙 집권형에서 분산형으로

중앙 집권형이 부른 대정전

2018년 9월, 홋카이도 이부리 동부 지진으로 지역 내 발전소가 잇따라 정지되었다. 일본 최초로 모든 지역이 정전되는 상황이 발생했다. 이 대정전 때문에 신호도 꺼지고 대중교통은 운행을 멈췄다. 양수 펌프가 끊긴 집합 주택에서는 수도와 화장실을 쓸 수 없게 되었다. 유통이 정체된 바람에 상점의 물건들은 바닥이 났고, 자동차 사회에 반드시 필요한 휘발유도 부족했다. 산업계에도 큰 타격을 주었다. 이틀 동안 일어난 정전 사태로 대규모 발전소에 한 곳으로 집중된 에너지 시스템이 얼마나 허술한지가 드러났다.

에너지 공급이 한 곳에 집중된 사회

막대한 송전 손실이 발생

산업 전체가 이 에너지 시스템을 따랐다

거대 석유 정제 시설 | 석유 화학 공업 | 석유 수입 | TRANSPORTATION | 가게 | 석유 배송 | 전국으로 배송 | 대량 소비 | 대량 생산 | 전국으로 | 주유소

절임 반찬 같은 식료품 산업도 마찬가지다

재료 대량 수입 | 재료와 절임 반찬을 플라스틱으로 포장 | 전국으로 배송 | 일회용 플라스틱으로 포장된 절임 반찬이 가게 진열대에 오른다 | 대량 생산 | TRANSPORTATION | 전국 유통망 | 배송 중에 제품이 절여진다 | 우리의 식탁으로

재생 에너지를 사용하여 지역 분산형 전력으로

한 곳에 집중해서 전력 공급을 하면 문제가 생겼을 때 큰 피해를 입는 것에서 그치지 않는다. 변전소 등을 몇 군데 거쳐야 먼 곳까지 전력이 미치기 때문에 중간에 송전 손실이 발생한다. 일본의 경우에는 전력 소비량의 약 3.4%, 그러니까 화력 발전소 7기 분량의 전력을 이용하기도 전에 잃어버리는 것이다.

세계는 지금 대규모 발전소에 기대지 않고 지역마다 발전하는 분산형 에너지에 주목하고 있다. 소규모 전력으로서 기대되는 것이 태양광, 풍력, 중소 수력 등 지역 맞춤형 재생 에너지다. 전력을 한 지역에서 직접 생산하고 소비하면 송전 손실이 적어지고 고용을 창출할 수 있으며 지역 활성화로도 이어질 것이다.

에너지뿐만 아니라 산업 구조 전체가 한 곳에 집중되어 거대 시스템으로 만들어지고 대량 생산을 하면서 이산화탄소를 배출하고 있다. 탄소 중립 사회를 이루고 싶다면 한 곳에 집중했던 것을 반드시 분산할 필요가 있다.

탄소 중립·분산형 에너지 사업 구조

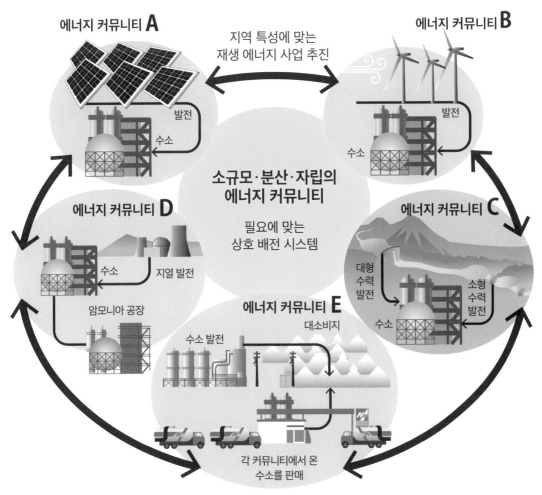

한 지역에서 에너지를 생산하고 소비하는 것이 기본

4부
탄소 중립 사회의 삶
6장

농업 협동조합이 가지는
탄소 중립 커뮤니티의 가능성

상호 부조의 원점으로 돌아갈 좋은 기회

일본의 농협(농업 협동조합)은 전쟁이 끝난 지 얼마 되지 않은 1948년에 농지 개혁이 실시되면서 새로 생겨난 농가 420만 가구로 조직되었다. 그 후로 70년 이상이 지난 지금, 농협의 모습은 크게 바뀌었다. 조합원 1,049만 명, 직원 20만 명, 운용 자산 104조 엔을 가진 거대 조직으로 성장했다.

그런 농협은 현재 큰 고민을 안고 있다. 농가를 잘살게 한다는 사명을 다하고 나니 그다음 목표를 잃어버린 것이다. 농업 산업이 작아지고 조합원들이 나이가 들면서 조합원을 위한 상호 부조라는

일본의 거대 조직, 농협에 대해
2018년도 자료

조합원 수	**1,049** 만 명
정조합원	**425** 만 명
준조합원	**624** 만 명
농협 직원	**20** 만 명

농협이 안고 있는 문제

> 준조합원은 농업 종사자가 아닌 사람들로, 이미 농가만의 농협은 아니다

> 농협의 목적이 이미 이 거대한 인원의 조직을 유지하기 위한 사업체로 변질되었다

신용 사업 (2020년 3월 말)

농협 직원	**104** 조 **1,148** 억 엔

조합원과 조합원 사이의 자금 융통에서 시작한 금융 서비스로 농업 협동조합 은행이 주도하고 있으며, 농업 협동조합, 농업 협동조합 신련, 농림 중앙 금고로 구성되어 있다. 이미 초대형 은행 규모에 다가가고 있다

> 농협의 주요 사업은 이 금융 사업이 뒷받침하고 있다. 그러나 국내 농업 관련 사업에 대한 융자는 감소해서 현재는 다양한 국내외 금융 상품으로 하는 자금 운용이 주요한 수입원이다. 농림 중앙 금고는 미국 채권에 투자하는 대규모 기관 투자사 중 하나다

공제 사업 (2019년도)

순자금	**57** 조 **1,883** 억 엔
대부금	**50** 조 **6,577** 억 엔

조합원의 상호 부조를 목적으로 출발해 생명 보험, 손해 보험, 자동차 보험 업무를 하고 있다. 재해 부흥 지원, 재해 대책 사업도 같이 하고 있다

> 공제 사업도 마찬가지로 농협을 받쳐 주는 수익 사업이다. 농협 직원들에게 농업 협동조합 공제 상품을 적극적으로 판매하도록 요구하고 있으며 대중 매체를 통해 화려한 선전을 하고 있다

경제 사업 (2018년도)

판매 취급액	**4** 조 **5,925** 억 엔

조합원의 생활 물품을 집하·판매하고 농가를 상대로 영농·생산재 판매를 하는 농협 원래의 사업이다. 대형 마트인 에이쿱 운영 등 생활 관련 사업도 전개 중이다

> 농업 관련 본래 사업은 적자가 이어져서 농협 경영을 압박하고 있다. 그러나 공동 구입과 출하는 농협의 존립 이념이다

본래의 일도 축소되었다. 그러나 비대해진 조직을 유지하기 위해서는 이익이 필요하기 때문에 막대한 자산을 금융 시장에 계속 투자하고 있다. 현재의 농협은 조직적인 모순을 안고 있는 것이다.

그러나 세계 산업 사회의 급속한 탄소 중립화는 이런 조직에게 기사회생의 기회를 주고 있다고 할 수 있다. 도시가 아닌 농촌과 산촌을 기반으로 하여 20만 명의 지역 직원을 거느리고 있으며, 윤택한 투자 자금을 가진 거대 조직이 각 지역 협동조합을 기반으로 탄소 중립 사회를 위한 사업체로서 재등장할 기회를 말이다. 일본의 농촌과 산촌에 아직 전기가 들어오지 않던 시절, 사람들은 너도나도 자금을 내서 협동조합을 조직하고 소규모 수력 발전을 도입해서 스스로 전기를 보급했다. 농협이 그런 원점으로 돌아갈 시기가 온 것이다.

농협이 산간과 농촌 지대의 에너지 자급을 도맡아 주고 그것을 핵심으로 자립적인 농촌 경제 커뮤니티가 형성된다면, 그게 바로 탄소 중립 사회의 한 가지 해답이 되지 않을까?

만약 이 조직이 탄소 중립 사회 커뮤니티의 전기 사업을 핵심으로 맡을 수 있다면

확실한 사용자가 존재하는 농협의 새로운 일이 될 것이며 지역을 위한 든든한 금융 지원 사업이 될 것이다

일본에서 농협의 새로운 역할이 생긴다

커뮤니티 에너지 공급 협동조합

태양광 발전소

소수력 발전소

수소 연료 발전소

바이오매스 발전소

그 뒤에는 농업 협동조합의 지역 득실 조정 능력이 있다

삼림

하천

뒷산

목초지·미개간지

경작지

상하수 처리장

농업 기술 연구소

식품 개발 센터

AI 시스템 개발 센터

스마트 농업 관리 센터

도서관

극장

커뮤니티 센터

교육 기관

행정 센터

커뮤니티 자동 모바일 관리 센터

AI 극장 관리 센터

의료 기관

커뮤니티 금융 기관

지역 순환 경제에서 풍요로운 사회가 태어나는 이유

지역으로 환원되는 경제

일본에서는 탄소 중립 사회의 바람직한 경제 모습으로서 지역에서 생산되는 농산물을 그 지역에서 소비하는 지산지소(地産地消)가 거론되면 반드시 나오는 반론이 있다. 그 방법으로는 경제 활동이 축소되어 사람들이 가난해질 것이라는 것이다. 가난해지는 경제를 누가 바라겠는가. 하지만 과연 그럴까? 한 예로서 일본의 제빵 업계를 생각해 보자. 이 업계는 세계적으로 봐도 특수한 상황에 놓여 있다. 바로 거대한 제빵 기업 하나가 업계의 90%를 점유하고 있다는 점이다. 동

거대한 제빵 기업 하나가 업계의 90%를 점유하는 제빵 업계를 예로 들어보자

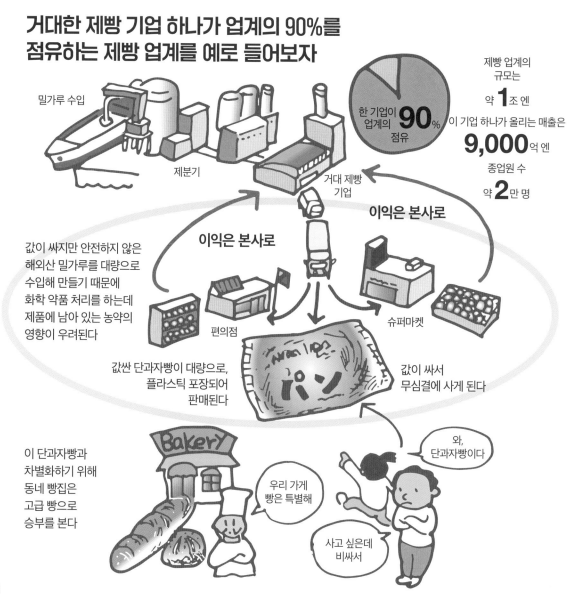

제빵 업계의 규모는 약 **1**조 엔

이 기업 하나가 올리는 매출은 **9,000**억 엔

종업원 수 약 **2**만 명

한 기업이 업계의 **90**% 점유

밀가루 수입

제분기

거대 제빵 기업

이익은 본사로

이익은 본사로

값이 싸지만 안전하지 않은 해외산 밀가루를 대량으로 수입해 만들기 때문에 화학 약품 처리를 하는데 제품에 남아 있는 농약의 영향이 우려된다

편의점

슈퍼마켓

값싼 단과자빵이 대량으로, 플라스틱 포장되어 판매된다

값이 싸서 무심결에 사게 된다

이 단과자빵과 차별화하기 위해 동네 빵집은 고급 빵으로 승부를 본다

Bakery

우리 가게 빵은 특별해

와, 단과자빵이다

사고 싶은데 비싸서

네 빵집이 중심인 서양의 나라들에서는 생각할 수 없는 일이다. 그러나 앞서 나온 이야기를 생각해 보면, 이 회사는 노동 생산성이 높은 기업으로서 칭찬을 받을 것이다. 2만 명의 종업원으로 약 9,000억 엔을 벌고 있기 때문이다.

그렇다면 빵을 완전히 지역에서 생산하고 소비하는 경우를 생각해 보자. 가령 인구 10만 명인 도시에 새로운 빵집이 80개 생겼다고 하자. 이 새로운 빵집은 그 지역의 밀과 효모를 사용해서 빵을 굽는다. 그러려면 밀을 재배하는 농가뿐만 아니라 그 밀을 제분하는 방앗간, 빵을 굽는 오븐도 필요하다. 밀 말고 다른 재료도 지역에서 난 것을 조달한다. 빵집에서는 아르바이트생을 4명 쓴다. 이렇게 빵집을 중심으로 새로운 경제 활동이 돌아가는 것이다. 지역 주민들이 저렴한 가격으로 안전한 재료로 만든 맛있는 빵을 먹고, 지불한 돈은 모두 지역 사람들의 이익이 되며 그 돈이 다음 수요를 낳는 것이다. 대량 생산된 빵과 비교하면 어느 쪽이 사람들에게 더 풍요로운 삶을 가져다줄까?

지역에서 생산되는 농산물을 그 지역에서 소비하는 빵 시장이 되면……

지역 농가에서
밀을 만든다

지역의 소비자들을 위해
안전한 밀을 기른다

마을에는 방앗간이 생긴다

빵을 만드는 기계와 재료를
제공하는 가게가 생긴다

자그마한
오븐 제조도
늘어난다

인구 10만 명이
사는 마을에 80개의
소매 빵집이 생겼다고
가정해 보자

인구 10만, 2만 5,000세대의 절반이
일주일에 2번, 700엔짜리 빵을
구입한다고 치면, 이 도시에서는

연간 **9억** 엔 이상의 신규
산업이 생기는 셈이다

아르바이트

한 빵집에서 아르바이트와 종업원을
4명 고용한다고 하면, 새로이 230명이
일자리를 얻는다. 이것이
**전국으로 확대되면
그 수는 40만 명에 이른다**

저렴한 가격에
안전하고 맛있는 빵을
식사 대용으로 먹을 수 있다니,
정말 좋아

**매출은 동네 사람들의 수입이 되어
지역 경제를 돌아가게 한다**

이 숫자는 사례의 구조를 간략하게 설명하기 위한 것이라 실제와는 다르다

4부
탄소 중립 사회의 삶
8장

탄소 중립 사회의 새로운 상식을 지금부터 만들어 가야 한다

절전, 절수, 쓰레기 줄이기로

2050년까지 탄소 중립 사회를 이루기 위해 우리는 무엇을 해야 할까?

일본의 경우, 이산화탄소 배출량 가운데 4.6%가 가정에서 나오는데, 절반 이상이 화석 연료로 발전된 전기 사용 때문이다. 또한 가정에서 쓰레기를 버리면 쓰레기 처리장에서, 수도를 쓰면 상하수 처리장에서 이산화탄소가 간접적으로 배출된다. 이를 조금이라도 줄이기 위해서는 먼저 절전, 절수, 그리고 쓰레기 줄이기를 해야 한다. 구체적인 사례를 아래 그림으로 나타냈다.

되도록 비행기를 이용하지 않기

원거리 이동은 전기 자동차로

출퇴근·등하교는 공공 대중교통으로

조금 멀리 나갈 때는 자전거로

기본은 걷기

이동

탄소 중립화를 위해 노력하는 기업

그런 회사의 상품을 사서 지원

브랜드 물건은 업사이클(upcycle)을

재활용 제품 개발에 힘쓰는 브랜드를 구입

평소에 입는 옷은 재활용 가게에서

쇼핑

지금부터 바로 할 수 있는

환경을 배려하는 기업에 투자하는 금융 기관을 선택

저장 음식은 직접 만들기

직접 밭을 가꿔 보기

음식

장을 볼 때는 에코 백(eco bag)을

플라스틱 제품은 되도록 구입하지 않기

식품은 지역에서 생산하고 소비하는 것이 원칙

고기 먹을 기회를 줄이기

수입 소고기는 피하기

일회용 플라스틱으로 포장된 상품은 피하기

프레온 냉매를 사용한 냉동식품도 피하기

소의 트림에서 나오는 메탄처럼 탄소 발자국이 높은 소고기는 피하기

음식 쓰레기는 콤포스트(compost)에

지역 농산물 시장에서 재료 구입하기

탄소 발자국(carbon footprint)을 줄여라

먼저 탄소 발자국에 대해 생각해야 한다. 어떤 제품이든 재료 조달부터 생산, 수송, 판매, 사용, 폐기까지 각 공정에서 온실가스가 배출된다. 이것을 모두 합친 것이 탄소 발자국이다. 예를 들어 먼 곳에서 비행기로 운송된 채소보다 지역에서 수확한 채소가 탄소 발자국이 낮다. 소고기나 유제품은 소가 되새김질할 때 메탄이라는 온실가스가 대량으로 나오고 사육할 때도 많은 에너지가 필요하기 때문에 탄소 발자국이 제일 높은 식품이다. 그래서 서양에서는 육식을 줄이는 식생활을 장려하고 있다.

여기서 소개한 것들은 모두 그리 어렵지 않은 일들이다. 탄소 중립을 위한 노력은 무언가를 참는 것이 아니다. 탄소를 태우지 않는 새로운 사회를 맞이하려면 지속가능한 삶의 상식을 우리가 직접 새로 만들어야 한다.

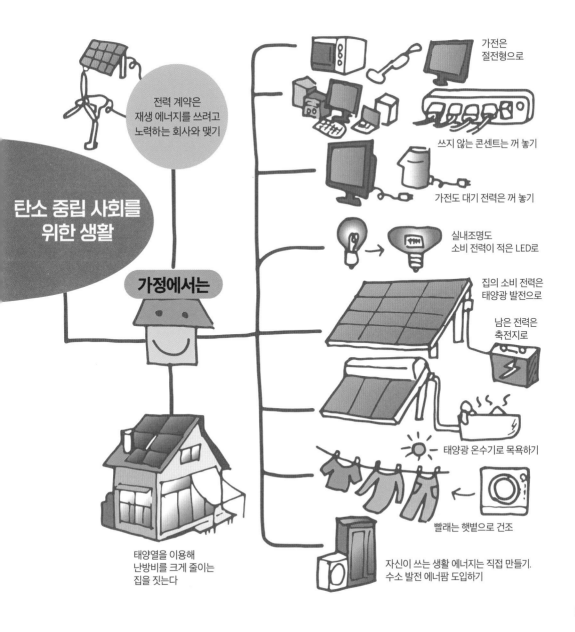

탄소 중립 사회를 위한 생활

가정에서는

전력 계약은 재생 에너지를 쓰려고 노력하는 회사와 맺기

가전은 절전형으로

쓰지 않는 콘센트는 꺼 놓기

가전도 대기 전력은 꺼 놓기

실내조명도 소비 전력이 적은 LED로

집의 소비 전력은 태양광 발전으로

남은 전력은 축전지로

태양광 온수기로 목욕하기

빨래는 햇볕으로 건조

태양열을 이용해 난방비를 크게 줄이는 집을 짓는다

자신이 쓰는 생활 에너지는 직접 만들기. 수소 발전 에너팜 도입하기

앞으로 다가올 탄소 중립 사회에 원자력 발전이 필요 없는 이유

일본에서는 2010년 10월 스가 요시히데 총리가 2050년까지 온실가스 배출량을 실질적 제로로 만들겠다고 선언하며 내세운 탄소 중립 정책은 산업계에 큰 충격을 주었다. 그 전의 아베 신조 총리는 탄소 중립화에 크게 관심을 보이지 않아서 선진국으로서는 보기 드물게 전원 구성비가 높은 석탄 화력 발전을 중심으로 에너지 정책을 추진했기 때문이다.

지구 온난화는 이제 더 이상 거론할 여지도 없는 사실이며 이미 세계는 그에 대응한 정책으로서 탄소 중립화의 길을 가는 중이다. 이산화탄소 배출량 세계 5위인 일본도 드디어 실질적 제로 선언을 했지만, 2021년 4월 현재 구체적인 에너지 정책은 아직 발표하지 않았다. 그런 가운데 2011년에 있었던 후쿠시마 원전 사고 이후로 멈춰 있던 원자력 발전을 다시 가동하라는 목소리가 나오고 있다. 원자력은 이산화탄소를 배출하지 않기 때문에 탄소 중립 사회에 반드시 필요한 청정 에너지라는 주장과 함께 말이다.

이 책은 탄소 중립 사회를 만드는 에너지로서 이 주장을 다루지 않았다. 그 이유는 크게 3가지가 있다. 첫 번째로 원전은 경제적으로 합리적이지 않다. 핵물질을 채굴하는 일부터 발전소 건설, 운용, 원자로 폐지, 사용이 끝난 핵연료를 오랜 세월에 걸쳐 처리하는 데 드는 경비까지 모두 계산해 보면, 비용 대비 효과를 따졌을 때 현재의 태양광 발전을 도저히 따라가지 못한다.

두 번째로 원전은 아주 위험하다. 이는 후쿠시마 원전 사고와 그 피해를 입은 사람들이 지금까지도 고통에 허덕이고 있는 것을 봐 온 사람이라면 누구나 알 수 있는 사실이다.

세 번째로 원전은 인류가 에너지 전환을 해 왔던 발자취를 거스른다는 사실이다. 열에너지로 물을 끓여서 얻은 증기로 터빈을 돌리는 발전 방식은 19세기부터 변함이 없다. 원전역시 열원이 석탄에서 원자력 연료로 바뀐 것뿐이다. 빛이나 바람 등 자연 속에 있는 에너지는 전기로 직접 변환하여 지속가능한 발전을 할 수 있는 데 반해 원전은 지구 온난화를 초래했던 구세대의 산업적 사고가 고스란히 남아 있다고도 할 수 있을 것이다.

구세대에 이미 잘못 들었던 원전이라는 곁길을 차세대 사람들이 굳이 따라갈 이유는 없다. 지금 일어나고 있는 에너지 전환은 단순히 에너지 생산 문제가 아니라 에너지를 사용하는 사회와 산업 구조까지 모두 변모시키는 것이다. 집중에서 분산으로, 거대한 기업 사회에서 커뮤니티가 연계하는 협동 사회로 바꾸면서 탄소 중립 사회로 옮겨 가기에는 긴 시간이 걸릴 것이다. 이 극적이면서도 자극적인 이행의 시대가 다음 세대를 짊어진 독자 여러분이 살아갈 시대이다.

참고 문헌

《경제학이 사람을 행복하게 할 수 있을까?》(우자와 히로후미 지음, 파라북스)

《계간 지역 2011년 가을 호 - 지금이야말로 농촌력 발전》(노분쿄)

《계간 환경 비즈니스 2019년 여름 호 - 2050 탈탄소사회로 가는 게임 체인지》(니혼비즈니스 출판)

《그림 해설 불과 인간의 역사》(스티븐 파인 지음)

《'농'으로 돌아가는 시대 지금 일본이 선택해야 할 길》(고지마 게이조 지음)

《데이터로 알 수 있는 세계와 일본의 에너지 대전환》(레스터 브라운 지음)

《사회적 공통자본》(우자와 히로후미 지음, 필맥)

《성장을 넘어서(지속가능한 발전의 경제학)》(허먼 데일리 지음, 열린책들)

《소수력 발전이 지역을 구한다 일본을 밝게 만드는 광대한 프런티어》(나카지마 다이 지음)

《숲과 문명 이야기 환경 고고학은 말한다》(야스다 요시노리 지음)

《에너지 400년사 장작에서 석탄, 석유, 원자력, 재생 가능 에너지까지》(리처드 로즈 지음)

《에너지 산업의 2050년 Utility 3.0으로 가는 게임 체인지》(다케우치 준코 편저, 이토 쓰요시·오카모토 히로시·도다 나오키 지음)

《월간 웨지 2020년 12월호 탈탄소와 에너지 일본의 돌파구를 제시하라》(웨지)

《인류 1만 년의 문명론 환경 고고학이 울리는 경종》(야스다 요시노리 지음)

《일본의 국가 전략 '수소 에너지'로 비약하는 비즈니스》(니시와키 후미오 지음)

《자동차의 사회적 비용》(우자와 히로후미 지음, 사월의책)

《'재생 에너지 대국 일본'에 대한 도전》(야마구치 유타카+슈퍼J채널 토요 취재반 지음)

《'정상 경제'는 가능하다!》(허먼 데일리 지음)

《주간 도요게이자이 2019년 5월 18일호 탈탄소 시대에 살아남는 회사》(도요게이자이신보사)

《주간 도요게이자이 2020년 8월 1일호 탈탄소 무르기 없다》(도요게이자이신보사)

《지구 온난화를 생각한다》(우자와 히로후미 지음, 소화)

《캘리포니아대학 버클리교 특별 강의 에너지 문제 입문》(리처드 뮬러 지음)

《'탈탄소화'는 멈추지 않는다! 미래를 그리는 비즈니스의 힌트》(에다 겐지·사카구치 유키오·마쓰모토 마유미 지음)

《2030년 세계지도장》(오치아이 요이치 지음)

참고 사이트

기후 변화에 관한 정부 간 협의체(IPCC) https://archive.ipcc.ch/

유엔 홍보 센터 https://www.unic.or.jp/

전국 지역 온난화 방지 활동 추천 센터 https://www.jccca.org/

경제산업성 자원에너지청 https://www.enecho.meti.go.jp

NEDO(신에너지 산업 기술 종합 개발 기구)
　　https://www.nedo.go.jp

전기 사업 연합회 https://www.fepc.or.jp/index.html

국립 연구 개발 법인 과학 기술 진흥 기구 https://www.jst.go.jp/
　　seika/index.html

국제 환경 경제 연구소 https://ieei.or.jp

도요게이자이 ONLINE https://toyokeizai.net

WIRED https://wired.jp/nature/

세계 경제 포럼 https://jp.weforum.org

스마트 재팬 https://www.itmedia.co.jp/smartjapan

Tech Factory https://wp.techfactory.itmedia.co.jp

THE WORD BANK https://www.worldbank.org

국제 에너지 기구(IEA) https://www.iea.org/

Science Portal https://scienceportal.jst.go.jp

겐다이비즈니스 https://gendai.ismedia.jp

WEDGE Infinity https://wedge.ismedia.jp

Response https://response.jp

AFP BB News https://www.afpbb.com/articles/

ChuoOnline https://yab.yomiuri.co.jp/adv/chuo/

Record China https://www.recordchina.co.jp

주간 이코노미스트 Online https://weekly-economist.mainichi.jp

뉴스위치 https://newswitch.jp

캐논사이언스라보 키즈 https://global.canon/ja/technology/kids/

도쿄 기름 도매시장 https://www.abura.gr.jp/

주오대학 '지의 회랑' https://www.chuo-u.ac.jp/usr/kairou/

Sustainable Japan https://sustainablejapan.jp

경제산업성 METI Journal https://meti-journal.jp

GLOBAL NOTE https://www.globalnote.jp

AMUSING PLANET https://www.amusingplanet.com/

일본 지열 협회 https://www.chinetsukyokai.com/

지열 자원 정보 https://geothermal.jogmec.go.jp

순식간에 알 수 있는 에너지 https://www.sbenergy.jp/

EMIRA https://emira-t.jp

일간자동차신문 전자판 https://www.netdenjd.com

ITmedia 비즈니스 ONLiNE https://www.itmedia.co.jp/business/

요미우리신문 온라인 https://www.yomiuri.co.jp/

Bloomberg https://about.bloomberg.co.jp

주식회사 미쓰비시 종합 연구소 https://www.mri.co.jp

VentureTimes https://venturetimes.jp

환경비즈니스 온라인 https://www.kankyo=business.jp

찾아보기

십 대가 꼭 알아야 할
탄소 중립 교과서

1판 1쇄 발행 | 2022년 3월 2일
1판 5쇄 발행 | 2024년 5월 31일

지은이 | 인포비주얼연구소
옮긴이 | 김소영
감수자 | 이상준

발행인 | 김기중
주간 | 신선영
마케팅 | 김신정, 김보미
경영지원 | 홍운선

펴낸곳 | 도서출판 더숲
주소 | 서울시 마포구 동교로 43-1 (04018)
전화 | 02-3141-8301
팩스 | 02-3141-8303
이메일 | info@theforestbook.co.kr
페이스북 | @forestbookwithu
인스타그램 | @theforest_book
출판신고 | 2009년 3월 30일 제2009-000062호

ISBN | 979-11-90357-92-0 43300